KI-Grundlagen
Neuronaler Netze

Jon Adams

INHALT

EINFÜHRUNG

Willkommen in der Welt der neuronalen Netze – einem Bereich, in dem komplexe Matrizen, Vektoren und Funktionen zusammenwachsen und das Rückgrat der modernen künstlichen Intelligenz bilden. „AI Foundations of Neural Networks" ist eine Reise durch die labyrinthischen Korridore des Deep Learning, die die einst undurchdringlichen Schatten mit einer Taschenlampe der Einfachheit und Klarheit beleuchtet.

Neuronale Netze mögen rätselhaft und in komplexe Schichten gehüllt erscheinen, aber auf diesen Seiten liegt ein klarer Weg zum Verständnis. Vom bescheidenen Perzeptron, das die Neuronen in unserem Gehirn nachahmt, bis hin zu den vielfältigen Algorithmen, die Aktivierungsfunktionen und Backpropagation steuern, übersetzt dieses Buch abstrakte Konzepte in greifbares Verständnis.

neugierig an der Schwelle zur KI stehen oder sich auf der Suche nach tieferem Wissen befinden, dieser Leitfaden ist Ihr Begleiter. Es bietet mehr als nur Definitionen; Es verbindet Theorie mit praktischer Einsicht und Intuition und vermittelt eine ausgewogene Ausbildung, die Studenten, Fachleuten und Enthusiasten gleichermaßen zugute kommt.

Im Laufe der Kapitel werden Sie verstehen, wie diese künstlichen neuronalen Synapsen aus Daten lernen, um Vorhersagen zu treffen, Muster zu erkennen und Entscheidungen zu treffen. Visuelle Hilfsmittel erwecken die Architektur von Netzwerken zum Leben; Intuitive Analogien machen komplexe Prinzipien nachvollziehbar. Sobald Sie diese umfassende Erklärung durchgelesen haben, wird Ihnen der Begriff „Black Box" weniger wie ein Rätsel, sondern eher wie ein offenes Buch vorkommen – ein Beweis für Ihr erweitertes Verständnis.

DAS NEURON, DIE GRUNDEINHEIT

Willkommen im faszinierenden Universum der neuronalen Netze. Unsere Erforschung beginnt mit einem grundlegenden Element: dem Neuron. Stellen Sie sich das Neuron als einen winzigen Arbeiter in der riesigen Fabrik des Geistes vor, der eine entscheidende Rolle spielt. Diese Mitarbeiter arbeiten zusammen, um die außergewöhnlichen Fähigkeiten zu entwickeln, die wir in intelligenten technischen Geräten sehen, von der sofortigen Übersetzung von Sprachen bis hin zur Empfehlung Ihres nächsten Lieblingslieds.

Jedes Neuron hat wie ein fleißiger Arbeiter eine einfache Aufgabe. Es lauscht den eingehenden Signalen, entscheidet, ob die Nachricht wichtig ist, und leitet sie dann an das nächste Neuron in der Reihe weiter. Dieser Prozess ist das Herzstück dessen, wie künstliche Gehirne lernen und aus komplexen Daten einen Sinn ergeben.

Es ist ziemlich faszinierend, dass diese winzigen digitalen Neuronen Aufgaben erfüllen können, die unser menschliches Gehirn kann, allerdings in einem anderen Bereich. Sie ermöglichen es Maschinen, Muster zu erkennen oder Probleme zu lösen und verändern so die Art und Weise, wie wir mit unseren Geräten interagieren. Darin liegt die transformative Kraft neuronaler Netze, ein Konzept, das Branchen umgestaltet und Leben berührt.

Wir werden uns ansehen, wie Neuronen sich verbinden und kommunizieren, und sicherstellen, dass die Funktionsweise jedes kleinen Teils klar ist. Wenn Sie das bescheidene, aber leistungsstarke Neuron verstehen, werden Sie das unglaubliche Potenzial dieser Netzwerke erkennen. Es ist ein ziemlich wichtiges Thema, das sich auf die Art und Weise auswirkt, wie wir täglich Technologie nutzen. Wenn wir tiefer eintauchen, werden Sie feststellen, dass das Thema nicht nur lehrreich, sondern auch wirklich faszinierend ist und jede Entdeckung zu einem größeren Verständnis dieses revolutionären Sprungs in der Informatik führt. Lassen Sie uns gemeinsam in diese Welt eintreten und uns darauf konzentrieren, jedes Puzzleteil so zu verstehen und wertzuschätzen, wie es in das Gesamtbild passt.

Neuronen sind wirklich die standhaften Arbeiter in der Welt der Gehirne und Maschinen. Stellen Sie sich ein Neuron als eine kleine Fabrik innerhalb eines größeren Netzwerks vor. Es besteht aus verschiedenen Teilen zum Empfangen, Verarbeiten und Versenden von Informationen. Es gibt den Dendriten , der wie eine Reihe von Posteingängen fungiert und Nachrichten von anderen Neuronen sammelt. Dann gibt es noch das Soma oder den Zellkörper, der als Hauptbüro fungiert und alle eingehenden Informationen sortiert, um zu entscheiden, was wichtig ist. Schließlich haben wir noch das Axon, den Postausgang, von dem aus wichtige Nachrichten an andere Neuronen gesendet werden. Aber wie entscheidet ein Neuron, welche Nachrichten wichtig sind? Es verwendet so etwas wie ein gewichtetes Bewertungssystem.

Das Neuron weist jeder Eingabe einen Wert oder eine „Gewichtung" zu – je einflussreicher die Eingabe, desto höher die Gewichtung. So wie Sie bei einer wichtigen Entscheidung im Kopf die Vor- und Nachteile abwägen, zählen Neuronen ihre Eingaben zusammen, um ein Ergebnis zu berechnen. Dieser Prozess ist wichtig, da Neuronen auf diese Weise lernen und Entscheidungen treffen, was sich auf alles auswirkt, von der Art und Weise, wie wir uns bewegen, bis hin zu dem, was wir denken.

Die Teile eines Neurons und ihre Funktionen zu verstehen, ist wie ein Blick hinter die Kulissen des Innenlebens des Gehirns oder ein Blick auf die verborgenen Mechanismen, die künstliche Intelligenz antreiben. Es mag komplex klingen, aber es ist ein Prozess, der für unser Verständnis der Funktionsweise sowohl biologischer als auch künstlicher Systeme von entscheidender Bedeutung ist. Mit diesem Wissen kann jeder erkennen, wie leistungsfähig selbst die kleinsten Teile eines komplexen Systems werden können, wenn sie zusammenarbeiten.
Unabhängig davon, ob Sie neu in diesem Bereich sind oder auf bestehendem Wissen aufbauen, ist es sowohl faszinierend als auch aufschlussreich, die Rolle des Neurons zu verstehen.

Neuronen im menschlichen Gehirn kommunizieren durch einen komplizierten Tanz elektrischer und chemischer Signale. Das Herzstück dieses Prozesses sind Synapsen, die Verbindungsstellen, an denen sich Neuronen verbinden. Wenn ein Neuron feuert, sendet es ein elektrisches Signal, ein sogenanntes Aktionspotential, entlang seines Axons.

Dieses Signal ist ein Alles-oder-Nichts-Ereignis, was bedeutet, dass das Neuron entweder vollständig oder gar nicht feuert, ähnlich wie das Ein- oder Ausschalten eines Lichtschalters. An der Synapse löst das elektrische Signal die Freisetzung von Chemikalien, sogenannten Neurotransmittern, in den kleinen Spalt zwischen den Neuronen aus. Diese Neurotransmitter binden dann an Rezeptoren des nächsten Neurons und regen es entweder zum Feuern an (erregende Signale) oder verhindern das Feuern (hemmende Signale).

Der Axonhügel, der sich an der Verbindung zwischen Axon und Neuronenkörper befindet, spielt eine entscheidende Wächterrolle. Es sammelt alle eingehenden erregenden und hemmenden Signale und entscheidet, ob die Summe dieser Signale ausreicht, um ein Aktionspotential auszulösen. Wenn wir uns künstliche Neuronen zuwenden, die die Grundlage neuronaler Netze beim maschinellen Lernen bilden, finden wir Strukturen, die von biologischen Neuronen inspiriert sind, aber einfacher funktionieren. In einem künstlichen neuronalen Netzwerk beginnen wir mit einer Eingabeschicht, in die Daten eingegeben werden. Die Daten durchlaufen dann eine oder mehrere verborgene Schichten, bevor sie die Ausgabeschicht erreichen.

Auf jeder Schicht sind jedem künstlichen Neuron oder Knoten Gewichte zugewiesen, die die Stärke oder Wichtigkeit einer Eingabe darstellen, ähnlich wie der Einfluss eines Neurotransmitters. Die Dateneingabe wird mit diesen Gewichtungen multipliziert, ähnlich wie die Lautstärke einzelner Noten in einer Melodie angepasst wird.

Jeder Knoten verfügt außerdem über eine Vorspannung, die den Aktivierungsgrad des Neurons anhebt und so sicherstellt, dass selbst Eingaben mit Nullwerten immer noch zu einer Ausgabe führen können. Eine Aktivierungsfunktion nimmt dann die gewichtete Summe der Eingaben und des Bias und übersetzt sie in eine Ausgabe. Diese Ausgabe wird zur Eingabe für die nächste Schicht oder erzeugt im Fall der letzten Schicht das Ergebnis des neuronalen Netzwerks. Lassen Sie uns dies zur Verdeutlichung mit Pseudocode veranschaulichen:

```
Funktion künstliches_Neuron ( Eingaben, Gewichte , Bias):
# Initialisieren Sie die gewichtete Eingabesumme
   gewichtete_Eingabesumme = 0

# Multiplizieren Sie jede Eingabe mit ihrem entsprechenden Gewicht und summieren Sie sie
für i in range( len (Eingaben)):
```

```
gewichtete_Eingabesumme += Eingaben[ i ] * Gewichtungen[ i ]

# Addieren Sie den Bias zur gewichteten Summe
    gewichtete_Eingabesumme += Bias

# Übergeben Sie das Ergebnis durch eine Aktivierungsfunktion, z. B. ein Sigmoid
Ausgabe = Sigmoid ( gewichtete_Eingabesumme )
Ausgabe zurückgeben

# Sigmoid-Aktivierungsfunktion
Funktion Sigmoid(x):
return 1 / (1 + exp(-x))
```

In diesem Beispiel stellen „Eingaben" die in das Neuron eingespeisten Daten dar, „Gewichte" kodieren die Wichtigkeit jeder Eingabe und „Voreingenommenheit" liefert einen Basiswert.

Wenn wir die Sigmoidfunktion auf unsere berechnete gewichtete Summe anwenden, erhalten wir eine Ausgabe zwischen 0 und 1, die dann für Entscheidungen oder Vorhersagen verwendet werden kann.

Indem wir diese künstlichen Neuronen zu größeren Netzwerken verbinden, schaffen wir Systeme, die in der Lage sind, aus riesigen Datenmengen zu lernen und komplexe Aufgaben auszuführen, von der Bilderkennung bis zur Sprachübersetzung.

Indem wir die Rolle jeder Komponente aufschlüsseln und verstehen, beginnen wir, die Leistungsfähigkeit neuronaler Netze zu schätzen und wie sie auf vereinfachte Weise die komplizierten Arbeitsabläufe des menschlichen Gehirns widerspiegeln.

Stellen Sie sich Folgendes vor: Jedes Neuron in Ihrem Gehirn ist wie ein fleißiger Büroangestellter, der an seinem Schreibtisch sitzt, und der Schreibtisch stellt den zentralen Teil des Neurons dar, der als Soma bekannt ist. Die Dendriten fungieren wie eine Reihe von Briefschlitzen, in denen Nachrichten oder Eingaben von anderen Abteilungen oder Neuronen abgegeben werden. Der Mitarbeiter durchsucht diese Briefe und sortiert, was dringend ist und was nicht. Denken Sie nun darüber nach, wie Sie mit Ihrem E-Mail-Posteingang umgehen. Sie priorisieren Nachrichten, die sofortige Aufmerksamkeit erfordern, markieren sie möglicherweise mit einer Flagge oder verschieben sie an die Spitze des Stapels.

Auf die gleiche Weise weist das Neuron jeder Nachricht ein „Gewicht" zu. Wichtige oder stark „gewichtete" Briefe erhöhen die Wahrscheinlichkeit, dass unser Büroangestellter diese Nachricht weitergibt. Wenn es an der Zeit ist, die kritischen Nachrichten weiterzuleiten, werden sie über das Axon weitergeleitet, ähnlich wie das Versenden eines Memos oder eines

Kurierpakets aus dem Büro.

Dieser alltägliche Prozess im „Büro" des Neurons ist ein vereinfachter Einblick in die Art und Weise, wie unser Gehirn Entscheidungen trifft. Es geht nicht um die Nachrichten selbst, sondern um die Art und Weise, wie sie bewertet und ausgewählt werden, die diese Mitarbeiter zum Handeln anleiten , so wie die Priorisierung von Aufgaben Ihren Arbeitstag bestimmt.

Dieses gewöhnliche Büroszenario, das sich in Ihrem Kopf abspielt, ist die Grundlage für alles, von der Auswahl Ihrer Kleidung bis hin zur Lösung komplexer Probleme. Wenn Sie das nächste Mal Ihre E-Mails sortieren, denken Sie an die unsichtbaren neuronalen Büroangestellten, die eine ähnliche Aufgabe erledigen und Ihre Gedanken und Handlungen in Bewegung halten.

Hier ist die Aufschlüsselung, wie ein Neuron eingehende Signale verarbeitet :

- **Dendriten** :
    - Empfangen Sie Signale von anderen Neuronen.
    - Funktionieren wie Antennen, die Signale in Form chemischer Nachrichten empfangen.

- **Synapse** :
    - Die Lücke zwischen dem Axon eines Neurons und dem Dendriten eines anderen.
    - Vom Axon freigesetzte Neurotransmitter passen in Rezeptoren am Dendriten wie ein Schlüssel in ein Schloss.
    - Wenn der Neurotransmitter an den Rezeptor bindet, ändert er die Ladung im empfangenden Neuron.

- **Interne Ladung des Neurons** :
    - Eine Mischung aus positiven und negativen Ionen innerhalb und außerhalb des Neurons erzeugt eine elektrische Ladung.
    - Dieses Ladungsgleichgewicht kann sich ändern, sodass das Innere im Vergleich zum Äußeren mehr oder weniger negativ ist.

- **Aktionspotential** :
    - Wenn sich genügend positive Ladung aufbaut, erreicht das Neuron eine Schwelle.
    - Sobald diese Schwelle überschritten wird, „feuert" das Neuron und sendet ein elektrisches Signal entlang des Axons.
    - Bei diesem Aktionspotential handelt es sich um eine Alles-oder-

Nichts-Reaktion (entweder geschieht sie vollständig oder überhaupt nicht).

- **Axon** :

    - Die lange, schwanzartige Struktur, die das Aktionspotential vom Körper des Neurons wegleitet.

    - Stellt sicher, dass die Nachricht schnell über große Entfernungen übertragen wird.

- Refraktärzeit:

    - Nach dem Auslösen tritt das Neuron in eine kurze Reset-Phase ein.

    - Während dieser Zeit kann das Neuron nicht erneut feuern.

    – Dieser Zeitraum stellt sicher, dass Signale nur in eine Richtung übertragen werden, und verhindert ein ständiges Auslösen.

- **Lernen und Gedächtnis** :

    - Wiederholte Aktivierung einer Synapse kann die Verbindung stärken und die Wahrscheinlichkeit erhöhen, dass das Neuron feuert.

    - Diese Verstärkung wird als Langzeitpotenzierung bezeichnet.

    - Spiegelt das Konzept „Übung macht den Meister" wider, bei dem Wege durch wiederholte Nutzung effizienter werden.

Wenn wir diese Komponenten Schritt für Schritt verstehen, wird klar, wie unser Gehirn winzige biochemische Botschaften in Gedanken, Handlungen und Erinnerungen umsetzt. So wie ein Gespräch durch ein besseres Verständnis zwischen den Sprechern klarer wird, stärkt das wiederholte Auslösen von Neuronen ihre Verbindungen und macht die Kommunikation unseres Gehirns mit jeder Wiederholung klarer und effizienter.

Nehmen Sie sich einen Moment Zeit und denken Sie über die Spracherkennung auf einem Smartphone nach oder darüber, wie Streaming-Dienste die richtigen Sendungen zu „wissen" scheinen, die sie vorschlagen können. Unter diesen vertrauten Annehmlichkeiten verbirgt sich eine Technologie, die als neuronale Netze bekannt ist. Dabei handelt es sich um Ansammlungen künstlicher Neuronen, den Bausteinen, die die Lern- und Entscheidungsfähigkeiten des menschlichen Gehirns nachahmen.

Ähnlich wie eine Ampel, die das Auf und Ab entgegenkommender Autos liest, um den Zeitpunkt der Signale zu steuern, passt sich ein neuronales Netzwerk an, um Sprachmuster oder Zuschauerpräferenzen zu erkennen. Jedes künstliche Neuron verarbeitet Datenbits , wendet erlernte Regeln an – ändert, wenn man so will, seine Lichter – und sendet die Ergebnisse an das nächste Neuron.

Mit jeder Ebene dieses Prozesses wird das Netzwerk besser darin, das nächste Wort, das Sie sagen, oder die nächste Serie, die Sie sich vielleicht anschauen, besser vorherzusagen. Dies ist ein System, das darauf ausgelegt ist, aus Erfahrungen zu lernen. Und so wie man lernt, einen heißen Herd nicht zweimal anzufassen, verfeinern neuronale Netze ihre Entscheidungsfindung mit jedem Datenelement, was zu immer genaueren Erkennungs- und Empfehlungen führt.

Diese Technologie prägt die moderne Welt und prägt die Art und Weise, wie Sie leben und mit Geräten interagieren, ohne sich auf komplexe Terminologie zu stützen, die das Wunder dieser Innovationen trüben könnte. Es ist ein tiefgreifender Schritt nach vorn, der sich aus dem einfachen Akt ergibt, zum Telefon zu greifen und nach dem Wetter zu fragen oder sich bei einem Filmabend zu Hause zu entspannen.

Lassen Sie uns den komplizierten Prozess näher erläutern, der es neuronalen Netzen ermöglicht, Sprache zu verstehen und Inhalte zu personalisieren.

Betrachten Sie zunächst die Eingabeschicht als Gateway des neuronalen Netzwerks. Wenn Sie mit Ihrem Telefon sprechen , wird Ihre Stimme als komplexe Wellenform erfasst. Diese rohen Audiodaten fließen in das neuronale Netzwerk, ähnlich wie Briefe, die zur Bearbeitung in einer Sortierstelle ankommen.

Wenn wir tiefer gehen, stoßen wir auf die verborgenen Schichten. Hierbei handelt es sich um eine Reihe von Rechenstufen oder Knoten, die ähnlich wie ein Straßennetz miteinander verbunden sind .

Jeder Knoten enthält ein „Gewicht", einen Parameter, der die Wichtigkeit der empfangenen Eingabe definiert. Stellen Sie sich diese Gewichte als Zifferblätter vor, die gestimmt werden können. Sie sind zunächst auf zufällige Werte eingestellt und werden beim Lernen des Netzwerks angepasst, wodurch die Pfade geformt werden, auf denen die Daten durch das Netzwerk wandern.

Die Reise geht weiter durch diese verborgenen Schichten, während die ursprüngliche Audiowellenform zerlegt, analysiert und transformiert wird. Jede Ebene verfeinert den Klang, indem sie Merkmale und Muster extrahiert und den Ton während der Weitergabe dekodiert. Unsere Tour erreicht die Ausgabeschicht, das endgültige Ziel unseres Datenpakets. Hier verschmelzen alle verfeinerten Signale zu einer Entscheidung oder Vorhersage. Bei der

Spracherkennung manifestiert sich dies als der Text, den Sie übermitteln wollten.

Bei einem Streamingdienst ist es die Sendung, die empfohlen wird. Der Prozess ist nicht abgeschlossen, ohne aus Fehlern zu lernen, eine Phase, die als Backpropagation bezeichnet wird. Wenn der aus Ihrer Rede transkribierte Text Fehler enthält oder die empfohlene Sendung nicht den Anforderungen entspricht, passt sich das Netzwerk an. Es passt die Gewichte akribisch umgekehrt von der Ausgabe zur Eingabe an, basierend auf der Differenz zwischen seiner Vorhersage und dem tatsächlichen Ergebnis.

Es ist ein bisschen so, als ob ein Koch ein Rezept nach einem nicht ganz perfekten Gericht anpasst und jede Wiederholung die zukünftigen Ergebnisse verbessert. Durch diesen komplexen, aber dennoch eleganten Tanz aus Eingaben, Gewichtungen und prädiktiven Ausgaben gelingt es neuronalen Netzen, Muster menschlichen Verhaltens zu erfassen und nachzubilden.

Jede Interaktion hilft dem Netzwerk, Sie besser zu bedienen, indem es sein Verständnis und seine Vorhersagen verfeinert, um Ihre Erfahrung mit der Technologie reibungsloser und intuitiver zu gestalten. Es handelt sich um eine tiefgreifende, unsichtbare Berechnung, die im Handumdrehen ausgeführt wird, um die Technologie besser auf Ihre Bedürfnisse reagieren zu lassen.

Albert Einstein veränderte den Lauf der Physik, indem er auf eine Weise dachte, wie es niemand vor ihm getan hatte. Auf ähnliche Weise bewerten Neuronen in neuronalen Netzwerken Informationen und kommen zu Schlussfolgerungen, ein Prozess, der in gewisser Weise dem Denken ähnelt. Während Einstein seine revolutionären Ideen testete, werden neuronale Netze trainiert, um ihre Fähigkeiten zur Problemlösung zu verbessern.

Diese Netzwerke sichten Daten, erkennen Muster und lernen, Ergebnisse vorherzusagen. Diese Fähigkeit, Informationen zu verarbeiten und anzuwenden, versetzt sie in die Lage, Aufgaben zu bewältigen, die vom Erkennen menschlicher Sprache bis hin zur Vorhersage von Wetterverhältnissen mit bemerkenswerter Genauigkeit reichen. Dieser Prozess stellt einen bedeutenden Fortschritt dar, der mit Einsteins Durchbrüchen vergleichbar ist, und zwar nicht dadurch, dass er über die Geheimnisse des Universums nachdenkt, sondern indem er Maschinen eine Art Weisheit verleiht, die für sich genommen ziemlich genial erscheinen kann.

Aktivierungsfunktionen in künstlichen Neuronen spielen eine entscheidende Rolle; Sie sind der entscheidende Faktor dafür, ob ein Datenelement den nächsten Schritt im Prozess beeinflussen soll oder nicht. In der Praxis untersuchen diese Funktionen die eingehenden Daten und bestimmen anhand eines bestimmten Schwellenwerts, ob sie wichtig genug sind, um Aufmerksamkeit und weitere Maßnahmen zu erfordern.

Es gibt verschiedene Arten von Aktivierungsfunktionen, jede mit ihrer eigenen Art, den Datenfluss zu verwalten. Einige gehen möglicherweise strikt vor und lassen nur Daten durch, wenn sie stark oder klar genug sind, während andere nachsichtiger sind und mehr Teile des Informationspuzzles ins Spiel kommen lassen.

Diese Auswahl ist der Schlüssel zum Lernprozess des Netzwerks und beeinflusst seine Fähigkeit, Muster zu erkennen und Vorhersagen zu treffen. Das Verständnis der Funktionsweise dieser Funktionen und ihrer Auswirkungen auf die Datenverarbeitung trägt dazu bei, die Funktionsweise neuronaler Netze zu entmystifizieren, wodurch das Konzept weniger abstrakt und eher im Bereich des Verständnisses verankert wird.

Aktivierungsfunktionen sind ein entscheidender Teil des neuronalen Netzwerkpuzzles und formen die Leistung von Neuronen, damit diese letztendlich Entscheidungen oder Vorhersagen treffen können.

Lassen Sie uns hervorheben, wie drei gängige Aktivierungsfunktionen in einem neuronalen Netzwerk funktionieren.

Erstens glättet die Sigmoidfunktion Eingaben in einen Bereich zwischen 0 und 1, ideal für die binäre Klassifizierung. Mathematisch bedeutet dies $(\frac{1}{1+e^{-x}})$, dass die Ausgabe unabhängig von der Größe der Eingabe auf diesen engen Bereich begrenzt ist.

```
def Sigmoid(x):
return 1 / (1 + exp(-x))
```

Als nächstes gibt es die Rectified Linear Unit, kurz ReLU. Es handelt sich um eine einfache, aber effektive Funktion: Wenn die Eingabe positiv ist, ist die Ausgabe dieselbe wie die Eingabe; wenn negativ, ist die Ausgabe Null.

Pseudocode für ReLU würde etwa so aussehen:

```
def relu (x):
wenn x > 0:
```

```
x zurückgeben
anders:
0 zurückgeben
```

ReLU erfreut sich aufgrund seiner Recheneffizienz und Effektivität bei der Linderung von verschwindenden Gradientenproblemen großer Beliebtheit und ist daher die erste Wahl für viele verborgene Schichten in tiefen Netzwerken.

Schließlich kommt die Softmax- Funktion bei Klassifizierungsaufgaben mit mehreren Klassen ins Spiel, beispielsweise wenn ein neuronales Netzwerk zwischen verschiedenen Hunderassen unterscheidet.

Im Gegensatz zu Sigmoid berücksichtigt Softmax alle Klassenwahrscheinlichkeiten gleichzeitig, um sicherzustellen, dass sie sich zu eins summieren und eine klare Wahrscheinlichkeitsverteilung liefern.

```
def softmax (x):
    exp_values = [exp( i ) für i in x]
    return [j / sum( exp_values ) for j in exp_values ]
```

Jede dieser Aktivierungsfunktionen spielt eine entscheidende Rolle in neuronalen Netzen mit spezifischen Anwendungsfällen, die ihre einzigartigen Eigenschaften nutzen, um effektives Lernen und genaue Vorhersagen zu erreichen.
Jede Aktivierungsfunktion hat ihren Höhepunkt : Sigmoid, wenn die Ausgabe dichotom ist, ReLU für verborgene Schichten in großen Netzwerken aufgrund seiner Geschwindigkeit und Effizienz und Softmax , wenn Wahrscheinlichkeiten für mehrere Klassen benötigt werden. Durch diese Funktionen lernt ein neuronales Netzwerk komplexe Muster und unterscheidet diese mit der Zeit immer genauer. Die Auswahl einer Aktivierungsfunktion kann die Lern- und Vorhersagefähigkeiten des Netzwerks erheblich beeinflussen und ist daher auf die spezifische Architektur und das vorliegende Problem zugeschnitten.

Neuronen im Gehirn stärken ihre Verbindungen durch einen Prozess, der dem Feinstimmen der Saiten eines Instruments durch einen Musiker ähnelt. Jede Einstellung, jede kleine Drehung der Stimmwirbel macht die Musik klarer, den Klang präziser. Auf ähnliche Weise werden beim Erleben und Lernen von Neuronen die Verbindungspunkte – Synapsen genannt – zwischen ihnen fester oder gelockert. Dies ist ihre Form der Übung, die Wiederholung und Verfeinerung, die es dem großen Orchester des Gehirns ermöglicht, komplexe Leistungen zu erbringen, sei es das sofortige Erkennen eines bekannten Gesichts oder die Strategieplanung für den nächsten Zug in einem Schachspiel. So wie ein paar genau richtig gespielte Töne Emotionen wecken können, ermöglichen die nuancierten Anpassungen der Stärke synaptischer Verbindungen die Bewältigung komplizierter Aufgaben und die Brillanz kognitiver Funktionen, die aus dem Konzert der Neuronen hervorgehen.

Lassen Sie uns näher auf die synaptische Plastizität eingehen, einen Begriff, der sich auf die Fähigkeit der Verbindungen oder Synapsen im Gehirn bezieht, mit der Zeit stärker oder schwächer zu werden.

Es geht darum, wie Neuronen miteinander kommunizieren und wie sich diese Kommunikation verändern kann, die für Lernen und Gedächtnis wichtig ist. Im Gehirn sind Neurotransmitter die chemischen Botenstoffe, die Signale zwischen Neuronen übertragen. Wenn ein Signal am Ende eines Neurons ankommt, setzt das Neuron Neurotransmitter frei, die über die Synapse zum nächsten Neuron gelangen. Dieses Neuron verfügt auf seiner Oberfläche über spezielle Strukturen, sogenannte Rezeptoren, die diese Neurotransmitter fangen.

Die Interaktion zwischen Neurotransmittern und Rezeptoren bestimmt, ob das empfangende Neuron aktiviert oder „abgefeuert" wird. Nun zum faszinierenden Teil: Wenn eine Synapse wiederholt an der Aktivierung beteiligt ist, kann ihre Stärke zunehmen, ein Phänomen, das als Langzeitpotenzierung oder LTP bekannt ist.

Es ist ein bisschen so, als würde man sich einen Weg auf einem Feld bahnen – je mehr man darauf geht, desto klarer und einfacher wird das Gehen. Wenn eine Synapse hingegen nicht häufig genutzt wird, kann die Verbindung schwächer werden, was als Langzeitdepression oder LTD bezeichnet wird.

Diese Veränderungen treten aufgrund komplexer molekularer Ereignisse auf, die ausgelöst werden, wenn Neurotransmitter an ihre Rezeptoren binden. Beispielsweise kann bei LTP die wiederholte Aktivierung dazu führen, dass mehr Neurotransmitter-Rezeptoren zur Synapse hinzugefügt werden oder deren Empfindlichkeit erhöht wird, wodurch die Synapse künftig leichter aktiviert werden kann. LTP kann sogar dazu führen, dass sich neue Synapsen bilden und dass das Neuron strukturelle Veränderungen vornimmt, wie zum Beispiel das Wachstum neuer dendritischer Stacheln – winzige Vorsprünge, an denen Synapsen gebildet werden.

Diese mikroskopischen Anpassungen auf synaptischer Ebene ermöglichen es dem Gehirn, Informationen zu speichern, neue Fähigkeiten zu erlernen und sich an veränderte Umgebungen anzupassen. Sie sind der Grund, warum Sie sich an ein bekanntes Gesicht erinnern können oder warum Übung den Meister machen kann. Diese Anpassungsfähigkeit unserer Synapsen ist wirklich das Herzstück der Funktionsweise des Gehirns. Das zu verstehen, kann zu Erkenntnissen über alles führen, von der Art und Weise, wie wir Erinnerungen bilden, bis hin dazu, wie wir unser Gehirn mit zunehmendem Alter scharf halten können.

Nehmen wir uns zum Abschluss dieses Kapitels einen Moment Zeit, um zu verstehen, was es bedeutet, ein Neuron zu verstehen. Obwohl das Neuron eine einzigartige Einheit ist, operiert es in einem riesigen Netzwerk, das viel komplexer ist als es selbst – ein Beweis für die Leistungsfähigkeit einfacher, zusammenarbeitender Einheiten. Das Verständnis, wie Neuronen funktionieren und interagieren, hat eine solide Grundlage für den Vorstoß in die komplexe Welt der KI und des maschinellen Lernens gelegt.

Jedes erlernte Konzept, von der Signalübertragung zwischen Synapsen bis hin zum größeren neuronalen Netzwerk, trägt zu einem grundlegenden Wissen bei, das als Sprungbrett für eine tiefere Erforschung dienen wird. Es ist eine Erinnerung daran, dass die kleinsten Komponenten in Systemen von enormer Komplexität und Leistungsfähigkeit eine entscheidende Rolle spielen und Türen für weitere Entdeckungen und Innovationen öffnen können.

AKTIVIERUNGSFUNKTIONEN , DIE NEURONEN

ZUM LEBEN ERWECKEN

Jetzt sind wir im Bereich der Aktivierungsfunktionen angekommen, den wesentlichen Komponenten innerhalb eines neuronalen Netzwerks, die den Signalverkehr leiten, ähnlich wie ein Telefonist, der Anrufe fachmännisch weiterleitet. Diese Funktionen wirken auf die Steuerhebel künstlicher Neuronen ein und steuern, wie und wann sie Nachrichten weiterleiten sollen. Dieses Kapitel lädt Sie zu einer Reise zum Kern der Art und Weise ein, wie künstliche neuronale Netze urteilen und reagieren und so ihre Fähigkeit zum Lernen und Lösen von Problemen untermauern. Mit einem klaren Überblick über die Rolle jeder Funktion erhalten Sie ein fundiertes Verständnis dieser Entscheidungsträger in der digitalen neuronalen Landschaft. Die bevorstehende Reise soll die anspruchsvolle Natur neuronaler Netze vertrauter und verständlicher machen und übergeordnete Konzepte auf der Grundlage der Klarheit verankern.

Aktivierungsfunktionen in neuronalen Netzen dienen unterschiedlichen Zwecken, die jeweils auf die jeweilige Aufgabe zugeschnitten sind. Nehmen Sie die Sigmoidfunktion; Es komprimiert alle eingehenden Eingaben sanft auf einen Wert, der sauber zwischen Null und Eins liegt. Dann gibt es noch die ReLU , die wie ein Einwegtor funktioniert, das nur positive Eingaben durchlässt und im Wesentlichen alle negativen Eingaben auf Null setzt. In diesem Kapitel geht es darum, die Rolle jeder Funktion zu erläutern und zu erläutern, wie sie dem neuronalen Netzwerk bei seiner Aufgabe, Daten zu verarbeiten und Entscheidungen zu treffen, zugute kommt.

Sie werden feststellen, dass diese Funktionen mehr als nur mathematische Ausdrücke sind; Sie sind die Zahnräder, die es einem Netzwerk ermöglichen, aus Daten zu lernen und letztendlich die komplexe Aufgabe menschlicher Entscheidungsfindung zu simulieren. Ziel ist es, diese Konzepte zu entschlüsseln und sie von undurchsichtigen Fachbegriffen in klares, kohärentes Wissen zu überführen.

Lassen Sie uns die Besonderheiten der Aktivierungsfunktionen näher erläutern, die häufig in neuronalen Netzen verwendet werden. Diese Funktionen sind entscheidend für die Gestaltung der Reaktion eines Neurons auf seine Eingaben. Beginnend mit der Sigmoid-Funktion wird dies mathematisch dargestellt als $(\frac{1}{1+e^{-x}})$.

Es quetscht die eingehenden Werte elegant zusammen, sodass die Ausgaben auf einen Wert zwischen 0 und 1 beschränkt sind. Diese Eigenschaft macht es besonders nützlich für binäre Klassifizierungsprobleme. Beim Umgang mit Gradienten – die das Rückgrat des Lernens in neuronalen Netzen bilden – kann das Sigmoid jedoch dazu führen, dass sie sehr klein werden, ein Problem, das als verschwindende Gradienten bezeichnet wird und das Netzwerk verlangsamt oder sogar davon abhält, weiter zu lernen.

Als nächstes kommt ReLU , einfach definiert als max(0, x), das im Deep Learning populär geworden ist. ReLU lässt zu, dass positive Eingaben intakt passieren, während die negativen auf Null begrenzt werden. Es ist recheneffizient und hilft, das Dilemma des verschwindenden Gradienten zu lindern, indem es einen konstanten Gradienten für positive Eingabewerte bereitstellt. Dieselbe Eigenschaft könnte jedoch zu sogenannten „toten Neuronen" führen, bei denen Neuronen, die negative Zahlen ausgeben, das Lernen vollständig einstellen, weil der Gradient an diesem Punkt Null ist.

Als nächstes befassen wir uns mit Tanh, der hyperbolischen Tangensfunktion, die die Eingabewerte so anpasst, dass sie zwischen -1 und 1 liegen. Der mathematische Ausdruck lautet: $[\tanh(x) = \frac{e^x - e^{-x}}{e^x + e^{-x}}]$ Tanh hat den Vorteil, dass es negative Werte zulässt und eine auf Null zentrierte Ausgabe bietet, die dabei helfen kann die Konvergenz des Netzwerks.

Schließlich haben wir die Softmax- Funktion. Es berechnet den Exponenten jedes Eingabewerts und dividiert ihn dann durch die Summe dieser Exponenten. Dies führt zu einer Wahrscheinlichkeitsverteilung, die sich auf 1 summiert und normalerweise in der letzten Schicht eines neuronalen Netzwerks für Klassifizierungsaufgaben mit mehreren Klassen angewendet wird.

Jede dieser Funktionen hat ihre einzigartigen Anwendungen und Auswirkungen. Die Auswahl der richtigen Aktivierungsfunktion könnte für die Leistung des Netzwerks von entscheidender Bedeutung sein, da sie sich direkt auf den Fluss von Backpropagation-Fehlern und die nachfolgenden Netzwerkaktualisierungen auswirkt. Durch verständliche Aufschlüsselungen dieser Funktionen wird die scheinbar komplexe Funktionsweise neuronaler Netze zugänglich und ermöglicht ein tieferes Verständnis der Mechanismen, die bei KI und maschinellem Lernen eine Rolle spielen.

Stellen Sie sich die Sigmoid-Funktion als Thermostat in einem Zuhause vor, dessen Aufgabe die Feinabstimmung der Temperatur ist, um eine angenehme Atmosphäre aufrechtzuerhalten. So wie ein Thermostat die Wärme innerhalb eines bestimmten Bereichs regelt, beruhigt die Sigmoid-Funktion die Dateneingaben und hält sie zwischen den gemütlichen Grenzen von Null und Eins.

ReLU nun als einen optimistischen Aufzug innerhalb eines Gebäudes vor, der Passagiere höher befördert, aber niemals hinunterfährt. ReLU spiegelt diesen Ansatz wider, indem es nur positive Eingaben durchlässt, sie nach oben anhebt und alle negativen Werte vernachlässigt, als wären sie Stockwerke unter der Erde. Stellen Sie sich Tanh schließlich wie ein Pendel vor, das mit gleicher Kraft in beide Richtungen schwingt, wobei jeder Schwung die gesamte Bandbreite an Emotionen repräsentiert, von positiven Höhen bis zu negativen Tiefen.

Tanh spiegelt diese Bewegung wider, indem er Dateneingaben in einem ausgewogenen Wechsel von minus eins zu eins neu skaliert und so die Höhen und Tiefen in der Sprache eines neuronalen Netzwerks gegenüberstellt. Zusammengenommen geben diese Analogien Aufschluss darüber, wie Aktivierungsfunktionen zur Entscheidungskraft in neuronalen Netzen beitragen, so wie alltägliche Werkzeuge und Erfahrungen unser tägliches Leben prägen.

Hier ist die Aufschlüsselung der primären Aktivierungsfunktionen in neuronalen Netzen:

- **Sigmoidfunktion** :
- Die Funktion hat eine S-Kurvenform, die für ihren sanften Gradientenübergang bekannt ist.
- Die Ausgabewerte werden auf einen Bereich zwischen 0 (für „Aus") und 1 (für „Ein") beschränkt. - Ideale Verwendung: Wird aufgrund seiner klaren probabilistischen Interpretation häufig in binären Klassifizierungsszenarien verwendet.
- Nachteile: Es kann zu verschwindenden Gradienten führen, wobei Änderungen in den Gewichtungen des Netzwerks während des Trainings vernachlässigbar werden, weil die Gradienten gegen Null gehen. Das erschwert das Lernen.

- **ReLU- Funktion** :
- Gibt die Eingabe direkt aus, wenn sie positiv ist; andernfalls wird Null ausgegeben, was eine lineare, nicht negative Antwort erzeugt. - Es führt das Konzept „toter Neuronen" ein, wenn es um negative Eingabewerte geht, bei

denen die Neuronen nicht mehr aktiviert werden oder zum Lernprozess des Netzwerks beitragen.

- Beschleunigt das Lernen: ReLU ist im Deep Learning weit verbreitet, da es einen schnelleren Rechenvorgang und eine effektivere Gradientenausbreitung für positive Eingabewerte ermöglicht.

- **Tanh-Funktion** : - Stellt Ausgaben bereit, die einen Bereich von -1 bis 1 umfassen, wodurch sie auf Null zentriert wird, was während des Trainingsprozesses von Vorteil sein kann.
- Im Vergleich zu Sigmoid trägt Tanhs nullzentrierte Natur in einigen Szenarien zu einer schnelleren Konvergenz des Gradientenabstiegsalgorithmus bei.
- Anwendung: Nützlich in verborgenen Schichten eines neuronalen Netzwerks, insbesondere wenn die Daten so normalisiert wurden, dass sie einen Mittelwert um Null haben.

Jede Aktivierungsfunktion dient einem bestimmten Zweck und steuert, wie ein neuronales Netzwerk Informationen verarbeitet, lernt und Entscheidungen trifft. Das Verständnis ihrer einzigartigen Eigenschaften und besten Anwendungsfälle ermöglicht ein besseres Design und eine bessere Effizienz künstlicher neuronaler Netze, die auf vielfältige Problemlösungen im Bereich der KI zugeschnitten sind.

Elon Musks bahnbrechende Arbeit mit Tesla unterstreicht die Rolle von Aktivierungsfunktionen in praktischen Anwendungen. Denken Sie an die Autopilot-Funktion, einen Triumph der Technik, der Sensoren und Software kombiniert, um Fahrzeuge sicher zu steuern. Das Herzstück dieser Technologie sind Aktivierungsfunktionen in den neuronalen Netzen, die komplexe Daten verarbeiten und es dem Auto ermöglichen, wichtige Fahrentscheidungen zu treffen. Sie regeln, wann das Fahrzeug bremsen soll, wie es durch den Verkehr navigieren soll und wann genau beschleunigt werden muss. Durch diese mathematischen Funktionen kann das Auto seine Umgebung verstehen und reibungslos mit der Welt interagieren, ähnlich wie es ein menschlicher Fahrer tun würde, wodurch autonomes Fahren greifbare Realität wird. Dies zeigt nicht nur das unglaubliche Potenzial neuronaler Netze, sondern auch, wie grundlegende Konzepte der künstlichen Intelligenz die Zukunft des Transports verändern können.

Im Autopilot-System von Tesla ist der Weg der Daten von der Erfassung bis zur Aktion ein Beweis für die Harmonie zwischen Hardware und künstlicher Intelligenz. Der Prozess beginnt mit einer Reihe von Sensoren –

Kameras, Radar, Ultraschallsensoren – die Umgebungsdaten sammeln.

Dieser rohe sensorische Input wird vorverarbeitet, um Geräusche zu filtern und für die nächste Stufe vorzubereiten. Die Vorverarbeitung kann eine Normalisierung umfassen, bei der Datenwerte so angepasst werden, dass sie einen Mittelwert von Null haben, oder eine Skalierung, damit verschiedene Arten von Sensordaten gleichberechtigt verglichen werden können.

Nach der Vorverarbeitung durchlaufen die Daten die Schichten des neuronalen Netzwerks. Hier baut jede Ebene auf der letzten auf, um Funktionen zu extrahieren und zu verfeinern. Stellen Sie sich das als eine Reihe von Berechnungen vor, die die Daten zunehmend abstrakter verstehen.

Was die Architektur betrifft, besteht das neuronale Netzwerk aus miteinander verbundenen Knoten oder Neuronen, die in Schichten organisiert sind. Die Daten werden von Knoten zu Knoten übertragen, wobei jeder Knoten eine einzelne Aktivierungsfunktion darstellt und zur „Entscheidung" darüber beiträgt, ob dieser Nervenweg aktiv sein soll. ReLU oder Rectified Linear Unit ist eine solche Aktivierungsfunktion innerhalb dieser Schichten. Es ist mathematisch einfach – $\max(0, x)$ – und lässt nur die positiven Werte durch.

Die ReLU- Funktion ist wie ein grünes Licht an einer Kreuzung, das einem Neuron signalisiert, wann es weiterfahren und wann es anhalten soll, und ermöglicht so einen effizienten Datenfluss im Gehirn der KI.

Schließlich erreicht das Netzwerk eine Ausgangsstufe, in der die Reihe von Schichten zur endgültigen Entscheidung beiträgt: Bremst, beschleunigt oder ändert das Auto die Richtung?

Diese Entscheidung ist der Höhepunkt der über das Netzwerk verfeinerten Daten und das Ergebnis von vielleicht Millionen dieser einfachen ReLU- Aktivierungsfunktionen, die ihre „Stimmen" darüber bündeln, was das Auto als nächstes tun soll. Hier ist ein Pseudocode-Ausschnitt, der zeigt, wie eine ReLU- Aktivierungsfunktion innerhalb eines Entscheidungsprozesses funktionieren könnte:

```
def relu_activation ( input_value ):
return max( 0, input_value )

# Beispielhafte Verwendung innerhalb des Netzwerks für ein Neuron
sensor_input = get_sensor_data ( ) _
verarbeitete_input = preprocess_data ( sensor_input )
```

```
activation_level = relu_activation ( processed_input )

wenn Aktivierungsebene > Entscheidungsschwelle :
    perform_action („beschleunigen")
anders:
    perform_action ('Bremse')
```

Zusammenfassend lässt sich sagen, dass Aktivierungsfunktionen wie ReLU im Autopilot-System die Interpretation umfangreicher sensorischer Daten optimieren und das Netzwerk zu fundierten, zuverlässigen Aktionen führen, die für sicheres und intelligentes Fahren entscheidend sind. Durch diese Funktionsbausteine wird das komplexe Gefüge von KI-Systemen verständlich und, was entscheidend ist, in der Realität anwendbar .

Abschließend richtet sich die Aufmerksamkeit auf die integrale Rolle von Aktivierungsfunktionen im Innenleben neuronaler Netze. Diese Funktionen fungieren im Wesentlichen als Gatekeeper und bestimmen den Aktivierungsstatus jedes Neurons, was wiederum einem Netzwerk ermöglicht, mit bemerkenswerter Komplexität zu lernen. Diese Untersuchung hat eine solide Grundlage für das Verständnis der Mechanismen im Herzen von KI und maschinellem Lernen geschaffen.

Das Verständnis darüber, wie einzelne Teile in diesen Netzwerken operieren und zusammenarbeiten, ermöglicht ein klareres Verständnis der vielschichtigen und nuancierten Natur der KI. Dieses Wissen ist unverzichtbar, da es praktisch jeden Aspekt der sich entwickelnden digitalen Landschaft berührt und Einfluss darauf hat, wie Entwicklungen in der KI weiterhin die Art und Weise revolutionieren werden, wie Menschen mit Technologie interagieren.

DIE ANATOMIE DER SCHICHTEN

Wir befinden uns jetzt tief in der Welt der neuronalen Netze, Wunderwerken der Technik, die vom menschlichen Gehirn inspiriert sind. Diese Netzwerke bestehen aus mehreren Schichten, von denen jede als Sprungbrett fungiert , ähnlich wie Kapitel in einer Erzählung, die aufeinander aufbauen, um Verständnis zu entwickeln. Jede Ebene hat eine einzigartige Aufgabe: Sie destilliert Daten Schritt für Schritt und verfeinert sie zu Erkenntnissen, während sie von der ersten Eingabe bis zur endgültigen Ausgabe fortschreiten.

Da keine komplexe Terminologie erforderlich ist, werden in diesem Kapitel die Rollen dieser unterschiedlichen Schichten untersucht und ihre Notwendigkeit bei der Schaffung intelligenter Systeme veranschaulicht. Dieses Verständnis ist von entscheidender Bedeutung, da diese Konzepte das Rückgrat so vieler Technologien bilden, die in das tägliche Leben eingebettet sind. Das Ziel des Kapitels ist klar: die hochentwickelten Prozesse neuronaler Netze in klares, verständliches Wissen zu entfalten und so ein ebenso fesselndes wie lehrreiches Lernerlebnis zu bieten.

Stellen Sie sich ein neuronales Netzwerk ähnlich einem Wolkenkratzer vor, bei dem jede Ebene eine eigene Ebene darstellt, die einem bestimmten Zweck dient. Data betritt die Lobby und interagiert zunächst mit dem Erdgeschoss. Während es sich nach oben bewegt, erfindet und formt jedes weitere Stockwerk diese Daten neu. Bis sie das Dach erreichen, haben sich die Daten verändert, an Struktur und Klarheit gewonnen und können nun auf reale Aufgaben angewendet werden. Dieser strukturierte Verlauf durch Schichten ist genau die Art und Weise, wie ein neuronales Netzwerk Rohinformationen filtert und verfeinert, um sie für die spätere Verwendung zu verstehen. Das Zusammenspiel jeder Ebene ist von entscheidender Bedeutung, und wenn man diese Zusammenhänge versteht, erhält man wertvolle Erkenntnisse darüber, wie aus einfachen Eingaben komplexe Entscheidungen getroffen werden. Ziel dieses Kapitels ist es, diese Schichten offenzulegen und ihre Rolle mühelos zu erklären, um sicherzustellen, dass der Prozess nicht nur verstanden, sondern auch in seiner Bedeutung für

Fortschritte in der Technologie und der künstlichen Intelligenz gewürdigt wird.

Lassen Sie uns die komplizierten Operationen innerhalb der Schichten eines neuronalen Netzwerks näher erläutern.

Wenn man sich zunächst mit den Arten von Neuronen befasst, stellt man fest, dass sie in jeder Schicht einzigartige Funktionen erfüllen: Einige Neuronen erkennen Kanten in einem Bild, während andere Texturen oder Muster identifizieren können. Es sind die synaptischen Gewichte, die Stärke der Verbindung zwischen Neuronen, die beim Lernen von entscheidender Bedeutung sind.

Zunächst zufällig, passen sich diese Gewichtungen im Laufe des Lernprozesses an und werden je nach gegebenem Feedback stärker oder schwächer, ähnlich wie beim Lernen aus Fehlern. Die Daten entwickeln sich Schicht für Schicht. In der ersten Ebene handelt es sich bei den Daten möglicherweise um Rohpixel, wenn es sich um Bilder handelt.

Wenn es aufsteigt, wird es zu abstrakten Darstellungen; Stellen Sie sich vor, dass sich Farbkleckse in Kanten verwandeln, Kanten in Formen und Formen in erkennbare Objekte. Aktivierungsfunktionen wirken wie Siebe innerhalb jeder Schicht und bestimmen, welche Datenpunkte wichtig genug sind, um weitergegeben zu werden.

Beispielsweise lässt die ReLU- Funktion nur positive Werte durch und wendet auf negative Werte einen Schwellenwert von Null an. Backpropagation ist das A und O des Lernens, eine Methode, die Fehler am Ausgang berechnet und sie über das Netzwerk zurückspeist.

Diese Rückkopplungsschleife verschiebt die synaptischen Gewichte sanft und verfeinert so die Vorhersagen des Netzwerks Schritt für Schritt. Durch das Verständnis der Eingabe, Ausgabe und Transformation jeder Schicht entsteht ein genaues Bild davon, wie jede Schicht zur Genauigkeit und Effektivität der Netzwerkaufgabe beiträgt. Dieser detaillierte Blick verdeutlicht, wie komplexe Netzwerke so unterschiedliche Aufgaben wie das Erkennen von Gesichtern auf Fotos oder die Vorhersage von Wetterverhältnissen mit hoher Präzision erfüllen können.

Während sich Daten durch ein neuronales Netzwerk bewegen, vollziehen sie eine bemerkenswerte Transformation. Zunächst gelangt es als unstrukturierte Information in das System; Betrachten Sie es als die Rohzutaten eines Rezepts.

So wie das Kochen verschiedene Schritte umfasst – Hacken, Anbraten und Würzen –, um aus diesen Zutaten ein Gourmet-Menü zu machen, funktionieren die Schichten neuronaler Netzwerke ähnlich. Die erste Ebene könnte sich auf die Organisation und Vereinfachung der Daten konzentrieren, vielleicht durch die Identifizierung grundlegender Formen in einem Bild oder der offensichtlichsten Muster in einem Datensatz.

Jede nachfolgende Ebene baut auf der Arbeit der vorherigen auf und extrahiert feinere Details und komplexere Merkmale, bis aus den Daten verfeinerte Informationen werden, die als Grundlage für Entscheidungen oder Vorhersagen dienen.

Diese Feinabstimmung in jeder Phase stellt sicher, dass die Daten, sobald sie das Netzwerk durchlaufen haben, in umsetzbare Erkenntnisse umgewandelt wurden, die die jeweilige Aufgabe effektiv bewältigen können, sei es die Erkennung von Sprache, die Übersetzung von Sprachen oder die Identifizierung medizinischer Anomalien in Scans. Dieser Prozess unterstreicht die Fähigkeit des Netzwerks, Chaos in Klarheit, Rohes in Raffiniertes und Breite in Tiefe zu verwandeln.

Betrachten Sie ein Bild als Eingabedaten für ein neuronales Netzwerk, zunächst in Form eines Arrays von Pixelwerten. Die erste Schicht trifft auf diese Rohzahlen und beginnt durch die Verarbeitung, sie zu interpretieren.

Hier ist ein vereinfachter Pseudocode-Ausschnitt, der den Prozess innerhalb der Anfangsschicht eines Faltungs-Neuronalen Netzwerks darstellt und häufig bei der Bilderkennung verwendet wird:

```
# Pseudocode für eine Faltungsoperation in der ersten Schicht
def convolutional_layer ( input_data , filter) :
    transformierte_daten = apply_convolution ( input_data , filter)
transformierte_Daten zurückgeben _

# Beispieleingabe: ein 2D-Array, das Pixelwerte darstellt
input_data = [[...], [...], [...]]

# Beispielfilter: eine Matrix zur Erkennung von Kanten
Filter = [[1, 0, -1], [1, 0, -1], [1, 0, -1]]

# Verarbeitete Daten nach der ersten Ebene
Layer_1_Output = Faltungsschicht ( Eingabedaten , Filter)
```

Die von der ersten Schicht ausgegebenen Daten, die nun Informationen über Kanten im Bild enthalten können, werden dann von der nächsten Schicht empfangen. Hier finden weitere Transformationen statt, etwa das Erkennen von Texturen oder Mustern aus den zuvor identifizierten Grundformen. Jede nachfolgende Ebene fügt eine neue Abstraktionsebene hinzu und liefert immer verfeinerte Informationen.

Was das Lernen betrifft, sollten Sie Backpropagation in Betracht ziehen – den Algorithmus, der dem Training neuronaler Netzwerke zugrunde liegt. Es beinhaltet:

1. Eingaben durch das Netzwerk weiterleiten, um eine Ausgabe zu generieren.

2. Vergleichen Sie diese Ausgabe mit der gewünschten Ausgabe und berechnen Sie den Fehler.

3. Rückführung des Fehlers über das Netzwerk, Anpassung der Gewichte, um den Fehler zu minimieren.

Der Pseudocode für die Backpropagation könnte etwa so aussehen:

```
# Pseudocode für Backpropagation
def backpropagation( network_output , true_output ):
Fehler = berechne_Fehler ( network_output , true_output )
    adjusted_weights = update_weights ( Netzwerk , Fehler)
Angepasste_Gewichte zurückgeben _
```

Im Kontext einer Gesundheitsanwendung kann die Ausgabeschicht eine Wahrscheinlichkeitsverteilung über mögliche Diagnosen basierend auf Mustern liefern, die aus medizinischen Bilddaten gelernt wurden. Wenn die Ergebnisse dieser Schicht von einem Spezialisten interpretiert werden, können sie ein entscheidender Schritt bei der Festlegung von Behandlungsplänen sein. Wenn man den Weg der Daten von der Eingabe bis zur Entscheidungsausgabe verfolgt, wird deutlich, wie die mehrschichtige Verarbeitung in einem neuronalen Netzwerk die analytischen Fähigkeiten des Menschen widerspiegeln und verbessern und letztendlich Rohdaten in lebensverändernde Entscheidungen umsetzen kann.

Aktivierungsfunktionen in einem neuronalen Netzwerk fungieren auf jeder Ebene als Gatekeeper und treffen wichtige Entscheidungen über den Datenfluss durch die Neuronen. Betrachten Sie diese Funktionen als Sicherheitspersonal, das an einem Kontrollpunkt Ausweise überprüft. So wie die Sicherheit nur bestimmte Personen passieren lässt, bestimmen die Aktivierungsfunktionen die Bedeutung der Neuronenausgabe.

Wenn die Informationen relevant und aussagekräftig genug sind, werden sie weitergegeben, um die endgültige Entscheidung zu beeinflussen; Ist dies nicht der Fall, wird es unterdrückt, wodurch verhindert wird, dass unnötige Details die Ausgabe des Netzwerks überladen. Dieser selektive Prozess ist von grundlegender Bedeutung, um das Lernen des Netzwerks zu optimieren und sicherzustellen, dass der Beitrag jedes Neurons einen Einfluss auf die Erzielung eines genauen Ergebnisses hat. Durch das Verständnis dieser Schlüsselrolle von Aktivierungsfunktionen erhält man Einblicke in die Art und Weise, wie neuronale Netze intelligentes Verhalten nachahmen – indem sie riesige Informationsmengen verarbeiten, analysieren und Schlussfolgerungen daraus ziehen.

Hier finden Sie eine Aufschlüsselung der verschiedenen Aktivierungsfunktionen in neuronalen Netzen mit einer detaillierten Beschreibung ihrer Formen, Anwendungen und wie sie sich auf die Datentransformation innerhalb des Netzwerks auswirken:

- **Sigmoidfunktion:**
- Die Sigmoid-Aktivierungsfunktion erzeugt eine S-förmige Kurve.
- Es komprimiert die Ausgabe innerhalb des Bereichs [0,1], was hilfreich ist, um die Ausgabe als Wahrscheinlichkeiten zu interpretieren.
– Wird häufig bei binären Klassifizierungsproblemen verwendet, um entweder die eine oder andere Klasse anzugeben.

- **Funktion des hyperbolischen Tangens (Tanh):**
- Tanh hat ebenfalls eine „S"-Form, ist jedoch symmetrisch zum Ursprung und erzeugt Ausgaben von [-1,1].
– Diese nullzentrierte Natur hilft bei der Effizienz des Gradientenabstiegs und macht es gegenüber Sigmoid in bestimmten Szenarien vorteilhaft, in denen zentrierte Daten von Vorteil sind.

- Funktion **der gleichgerichteten Lineareinheit (ReLU):**
– Die ReLU- Aktivierungsfunktion wendet einen einfachen Schwellenwert bei Null an, der nur positive Eingaben durchlässt und alle negativen Eingaben auf Null setzt.
- Aufgrund der einfachen Berechnung und seiner Eigenschaft, bei positiven Eingaben nicht zu sättigen, wird es häufig verwendet, was ein effizientes Training fördert.

- **Leaky ReLU und Parametric ReLU :**
ReLU " überwinden sollen , bei dem Neuronen inaktiv werden können.

- Sie ermöglichen einen kleinen Gradienten ungleich Null, wenn die Eingabe negativ ist, und ermöglichen so in diesen Fällen eine Form des Lernens.

- **Softmax** -Funktion:
– Es wird normalerweise in der Ausgabeschicht eines Klassifikators verwendet, um eine Wahrscheinlichkeitsverteilung über mehrere Klassen bereitzustellen .
- Die Wahrscheinlichkeiten summieren sich zu eins, wodurch ein klares Vorhersagemodell für Klassifizierungsaufgaben erstellt wird.

Jede Aktivierungsfunktion beeinflusst, wie ein neuronales Netzwerk Daten verarbeitet und überträgt, und beeinflusst letztendlich den Lernprozess und die Genauigkeit des Modells. Das Verständnis der Rolle und des Verhaltens jeder Funktion ist von grundlegender Bedeutung für den Entwurf neuronaler Netze, die eine Vielzahl anspruchsvoller Aufgaben geschickt ausführen können.

Stellen Sie sich jede neuronale Schicht als Instrument in einem Orchester vor. Jeder für sich spielt eine geradlinige Melodie, klar und deutlich erkennbar. Wenn man sie übereinander legt, schwillt die Musik zu einer reichen, komplexen Melodie an; Dies spiegelt die Schichten eines neuronalen Netzwerks wider, in dem einfache Berechnungen zusammengeführt werden, um anspruchsvolle Aufgaben voranzutreiben.

So wie die Symphonie eines Orchesters mehr ist als die Summe einzelner Noten, verflechten sich diese Rechenschichten, um Gesichter zu erkennen, Sprache zu interpretieren oder sogar Fahrzeuge zu steuern und Funktionen auszuführen, die in ihrer Komplexität und Präzision fast magisch erscheinen. Durch diese Linse wird der nuancierte Tanz der Neuronen im Inneren nicht nur zu einer intellektuellen Kuriosität, sondern zu einem Zeugnis der Symphonie des Fortschritts im digitalen Zeitalter.

Geoffrey Hintons Pionierarbeit im Bereich Deep Learning lässt sich mit der Art und Weise vergleichen, wie ein erfahrener Lehrer das Verständnis eines Schülers von Grund auf fördert. Stellen Sie sich einen Mentor vor, der mit den Grundlagen eine Grundlage schafft und dann immer komplexere Ideen darüber legt, sodass der Lernende nach und nach ein vollständiges Bild entwickeln kann. In ähnlicher Weise hat Hintons Forschung zu neuronalen Netzen den Grundstein dafür gelegt, dass Maschinen aus einfachen Konzepten lernen und Schicht für Schicht auf die Lösung komplexer

Probleme aufbauen können.

Es ist dieses gestapelte Lernen, Wissen um Wissen, das es diesen Netzwerken ermöglicht, Aufgaben zu bewältigen, die einst als ausschließliche Domäne menschlicher Kognition galten, von der Wahrnehmung der Welt um uns herum bis hin zur nuancierten und subtilen Übersetzung von Sprachen . So wie die Fähigkeiten eines Schülers unter der Anleitung eines Lehrers wachsen, so erweitert sich auch die Fähigkeit eines neuronalen Netzwerks unter dem Einfluss von Deep-Learning-Prinzipien, die Geoffrey Hinton mitentwickelt hat.

Wenn man auf die Reise durch die Architektur neuronaler Netze zurückblickt, wird deutlich, wie jede Schicht auf der anderen aufbaut und ein komplexes System bildet, das zu intelligentem Verhalten fähig ist. Beginnend mit den Grundlagen, ähnlich dem Legen des Betonfundaments eines Gebäudes, behandeln die ersten Schichten die elementarsten Aspekte der Datenverarbeitung.

Steigt man eine Ebene hinauf, nimmt die Komplexität zu, genauso wie das Hinzufügen von Stockwerken zu einer Struktur mehr Platz für komplizierte Designs und zweckmäßige Räume schafft. Auf dem Gipfel hat das Netzwerk das gesamte differenzierte Lernen von unten integriert und Entscheidungen und Erkenntnisse mit dem soliden Scharfsinn getroffen, der ein gut errichtetes Gebäude widerspiegelt. Diese Reise von Grund auf zeigt, wie wichtig der Beitrag jeder Schicht zum Ganzen ist und ein robustes und intelligentes Netzwerk bildet, das bereit ist, die vor ihr liegenden Herausforderungen zu meistern.

Das Verständnis dieses mehrschichtigen Aufbaus ermöglicht nicht nur eine Wertschätzung neuronaler Netze, sondern unterstreicht auch deren Bedeutung in einer Welt, die zunehmend auf intelligente Technologie angewiesen ist.

BACKPROPAGATION: LERNEN AUS FEHLERN

Willkommen zu Kapitel 4, in dem wir uns mit der Backpropagation befassen, dem selbstkorrigierenden Herzschlag eines neuronalen Netzwerks. Betrachten Sie es als eine Methode für ein Netzwerk, seine Aktionen zu reflektieren, zu erkennen, welche Bewegungen falsch waren, und sich entsprechend zu kalibrieren.

So wie man seine Schritte zurückverfolgt, um einen verlorenen Gegenstand zu finden, verfolgt ein neuronales Netzwerk seine Berechnungen zurück, um Ungenauigkeiten zu erkennen. Jeder Fehltritt wird zu einer Lektion, jeder Fehler zu einem Leitfaden für bessere Leistung. Es ist eine Reise der kontinuierlichen Selbstverbesserung, bei der Fehler Weisheit formen und dafür sorgen, dass nachfolgende Versuche der Perfektion immer näher kommen.

Ziel dieses Kapitels ist es, diesen komplizierten Prozess zu entwirren, ihn klar und einfach darzustellen und sowohl Neulinge als auch mit dem Thema vertraute Personen dazu einzuladen, die entscheidende Rolle der Backpropagation in der Welt der künstlichen Intelligenz zu verstehen. In diesem Abschnitt beginnt eine schrittweise Analyse der Backpropagation, beginnend damit, wie neuronale Netze ihren eigenen Fehler nach einer Entscheidung berechnen. Stellen Sie sich als angehender Maler ein neuronales Netzwerk vor, bei dem jeder Pinselstrich ein Versuch ist, eine Szene nachzubilden.

Einige Striche weichen vom beabsichtigten Bild ab. Das Netzwerk untersucht wie der Maler die Divergenz und erkennt, wo die Striche schiefgegangen sind. Anschließend geht es seine Schritte zurück und passt den Druck und Winkel des Pinsels an – das ist so, als würde das Netzwerk seine Gewichte anpassen –, um die Fehltritte zu korrigieren. Die Anpassungen erfolgen schrittweise, ein fortlaufender Prozess, bei dem das Netzwerk seinen Ansatz auf der Grundlage früherer Ergebnisse ändert, ähnlich wie der Maler seine Technik mit jeder neuen Leinwand verfeinert. Dieser sorgfältige Zyklus ist von zentraler Bedeutung für die Fähigkeit des Netzwerks, intelligentere und genauere Entscheidungen zu treffen und seine

Beherrschung der Aufgaben, die es ausführen soll, zu verbessern. Es sind diese Prinzipien, die einem Netzwerk das Potenzial verleihen, aus Erfahrungen zu lernen, so wie man im Laufe der Zeit Fachwissen entwickelt.

Das Verständnis der Backpropagation beginnt mit der Untersuchung, wie ein neuronales Netzwerk Korrekturen vornimmt. Pseudocode, eine Darstellung der Berechnungen , schafft Klarheit zu diesem Thema. Die Lernreise beginnt mit der Berechnung des Fehlers auf der letzten Ebene.

```
# Pseudocode zur Berechnung des Ausgabefehlergradienten
Output_error = gewünschte_Ausgabe – tatsächliche_Ausgabe
error_gradient = Output_error * derivative_of_activation_function ( actual_output )
```

Anhand des berechneten Fehlergradienten findet das Netzwerk heraus, wo die Vorhersagen begonnen haben, schief zu gehen. Es arbeitet von der Ausgabeschicht aus rückwärts und nimmt sinnvolle Änderungen am Gewicht jedes Neurons vor. Klartext

```
# Pseudocode zur Rückausbreitung des Fehlergradienten und zur Aktualisierung der Gewichte
für jede Schicht in umgekehrter Reihenfolge (Schichten):
    Weight_gradient = previous_layer_output * error_gradient
Gewichte = Gewichte + Lernrate * Gewichtsgradient
    error_gradient = Gewichte * error_gradient * derivative_of_activation_function (
previous_layer_output )
```

Die Lernrate ist hier die Schrittgröße des Netzwerks. Zu groß, und es kann zu Überschreitungen der optimalen Parameter kommen; Wenn es zu klein ist, schreitet es zentimeterweise voran und erfordert mehr Zeit zum Erlernen.

Der vollständige Lernzyklus eines neuronalen Netzwerks folgt diesen logischen Schritten:

1. **Vorwärtsausbreitung:** Dateneingaben bewegen sich vorwärts durch das Netzwerk und durchlaufen dabei die Berechnungs- und Aktivierungsfunktion jedes Neurons.

2. **Fehlerberechnung:** Das Netzwerk vergleicht seine endgültige Ausgabe mit dem wahren Wert, um den Fehler zu berechnen.

3. **Backpropagation:** Der Fehlergradient wird berechnet und Schicht für Schicht durch das Netzwerk zurückgeführt.

4. **Gewichtsaktualisierung:** Die Gewichte werden proportional zu ihrem Beitrag zum Fehler leicht angepasst.

Ein Beispiel für eine gängige Ableitung einer Aktivierungsfunktion, etwa des Sigmoids, die bei der Fehlerberechnung verwendet wird, würde so aussehen:

```
# Pseudocode für die Ableitung der Sigmoid-Aktivierungsfunktion
Ausgabe = sigmoid_activation (Ausgabe)
Ableitung = Ausgabe * (1 - Ausgabe)
```

Durch die detaillierte Beschreibung jedes Schritts wird deutlich, wie ein neuronales Netzwerk, ähnlich wie eine Person, die eine neue Fähigkeit erlernt, seinen Ansatz wiederholt, seine Vorhersagen verfeinert und seine Kompetenz verbessert.

Dieser Prozess ist das Rückgrat, das die Entwicklung des Netzwerks vom naiven Neuling zum erfahrenen Entscheidungsträger unterstützt.

Im Bereich der Backpropagation dienen Gradienten als Leitfaden und markieren den Weg zur Leistungssteigerung. Um einen Gradienten in dieser Situation zu verstehen, betrachten Sie ihn als Indikator dafür, „wie viel" und „in welche Richtung" das Wissen des neuronalen Netzwerks aktualisiert werden muss.

Dabei handelt es sich um ein Maß für die Variabilität, das den steilsten Anstieg des Fehlerbergs darstellt, den das Netzwerk zu überwinden beabsichtigt. Gradienten sind von entscheidender Bedeutung, da sie dem Netzwerk ein klares quantitatives Signal darüber geben, wie es seine Parameter – insbesondere Gewichtungen und Verzerrungen – ändern kann, um Fehler zu reduzieren. Betrachten Sie es als einen Navigator, der dem Netzwerk hilft, zu verstehen, welche Wendungen es machen muss, um den richtigen Antworten näher zu kommen. Dieses Verständnis ist entscheidend; Ohne sie wäre ein neuronales Netzwerk wie ein Schiff auf See ohne Kapitän, richtungslos und treibend. Es ist diese kalkulierte Anpassung des Netzwerkwissens, die das Lernen erleichtert und letztendlich zu genaueren Vorhersagen und Entscheidungen führt.

Lassen Sie uns die Berechnung von Gradienten im Backpropagation-Prozess näher erläutern:

Der Gradient ist ein aus partiellen Ableitungen bestehender Vektor, der im Wesentlichen misst, wie stark sich der Fehler bei einer geringfügigen Änderung der einzelnen Gewichte innerhalb des Netzwerks ändert. Um diese zu berechnen, verwenden wir die Kettenregel aus der Analysis, die es uns ermöglicht, die Beziehung zwischen Änderungen in den Gewichten des

Netzwerks und den daraus resultierenden Fehleränderungen zu verstehen, auch wenn diese Beziehungen tief in den Schichten des Netzwerks verschachtelt sein können.

Die Kettenregel besagt, dass wir, um herauszufinden, wie empfindlich der Fehler auf eine Gewichtsänderung reagiert, die Empfindlichkeit des Fehlers auf Änderungen in der Ausgabe des Netzwerks (dem ersten Glied in der Kette) mit der Empfindlichkeit der Ausgabe auf Änderungen in multiplizieren können Gewicht (das nächste Glied in der Kette).

Mathematisch ausgedrückt: Wenn E der Fehler, y die Ausgabe und w ein Gewicht ist, dann schreiben wir: $\frac{\partial E}{\partial w} = \frac{\partial E}{\partial y} \cdot \frac{\partial y}{\partial w}$

Farbverläufe sind im Lernprozess von entscheidender Bedeutung, da sie die Richtung vorgeben, die zum Aktualisieren von Gewichtungen erforderlich ist. Wenn die Steigungen groß sind, weist dies auf einen steilen Abfall hin, was bedeuten könnte, dass die Gewichte erheblich geändert werden müssen, während kleine Steigungen auf das Gegenteil hinweisen. Daher beeinflusst die Größe dieser Gradienten, wie schnell ein neuronales Netzwerk lernt und wie effektiv es die beste Gewichtungsanordnung oder die „optimale Lösung" finden kann.

Der folgende Pseudocode veranschaulicht die allgemeine Struktur dieser Berechnung:

```
def compute_gradient ( Fehler, Ausgabe , Gewichte):
    Output_gradient = derivative_of_activation_function (Ausgabe)
    Weight_Gradient = Fehler * Output_Gradient
returnweight_gradient * derivative_of_weights (Gewichte )

# Berechnen Sie den Fehlergradienten für ein bestimmtes Gewicht
error_gradient = berechne_gradient ( network_error , network_output , Specific_weight ) _

# Aktualisieren Sie das Gewicht mithilfe des berechneten Gradienten und der Lernrate
learning_rate = 0.01 # Kleine Schrittgröße für schrittweise Anpassungen
Specific_weight -= learning_rate * error_gradient
```

Durch diesen Prozess können Sie sich vorstellen, wie ein neuronales Netzwerk seine Fehler schrittweise reduziert, indem es mit der Zeit lernt und sich verbessert. Der komplizierte Tanz der Berechnung und Anwendung von Farbverläufen stellt sicher, dass sich das Netzwerk stets in Richtung besserer Genauigkeit, Leistung und Entscheidungsfähigkeit bewegt.

Stellen Sie sich vor, wie Sie ein Rezept verfeinern: Jedes Mal, wenn es etwas zu scharf oder langweilig ist, werden kleine Anpassungen vorgenommen, bis es genau richtig ist. Die Backpropagation in neuronalen Netzen spiegelt diesen Prozess wider. Es ist das Netzwerk, das seinen eigenen Output probiert und entscheidet, ob es eine Prise mehr davon oder etwas weniger davon braucht.

Ähnlich wie ein Koch mit einem anspruchsvollen Gaumen nutzt das Netzwerk Backpropagation, um seine internen Einstellungen – sozusagen die Zutaten – basierend auf Feedback zu optimieren.

Betrachten Sie im technischen Bereich Spracherkennungssoftware: Anfangs kann es sein, dass sie Wörter mit unterschiedlichen Akzenten falsch versteht, aber durch Backpropagation lernt sie aus diesen Fehlern. Mit jeder Interaktion passt es sich an und verbessert so seine Fähigkeit, eine Vielzahl gesprochener Eingaben zu verstehen.

Auf diese Weise wird das einst unvollkommene System dank der Backpropagation, die sein Lernen leitet, immer mehr zu einem Kenner von Akzenten, ähnlich wie die Übung einen Schüler zur Meisterschaft führt.

Hier ist die Aufschlüsselung der kritischen Schritte der Backpropagation:

- **Fehlerberechnung:**
- Das Netzwerk vergleicht die von ihm generierte Ausgabe mit dem erwarteten Ergebnis und verwendet häufig eine Verlustfunktion, um den Unterschied zu quantifizieren.
  - **Schritte:**
- Führen Sie eine Reihe von Eingaben durch das Netzwerk, um eine Ausgabe zu erzeugen.
- Verwenden Sie eine Verlustfunktion wie den mittleren quadratischen Fehler für kontinuierliche Ausgaben oder die Kreuzentropie für die Klassifizierung, um den Fehler zu berechnen.
- Notieren Sie den Fehlerwert zur Verwendung im nächsten Schritt des Prozesses.

- **Gradientenberechnung:**
- Das Netzwerk bestimmt die Gradienten der Verlustfunktion für jedes Gewicht durch den Einsatz von Infinitesimalrechnungen, insbesondere der partiellen Ableitungen.
  - Unterliste der mathematischen Operationen:
  - Wenden Sie die Kettenregel an, um die Verlustfunktion in Bezug auf

jedes Gewicht im Netzwerk zu differenzieren.
- Berechnen Sie den Gradienten für jede Ebene, beginnend mit der Ausgabeebene und rückwärts (daher „Backpropagation").
- Speichern Sie die Steigungen für jedes Gewicht, da sie die bevorstehenden Gewichtsanpassungen steuern.

- Gewichtsanpassung:
– In diesem Schritt ändert das Netzwerk seine Parameter, Gewichte und Bias als Reaktion auf die berechneten Gradienten.
- Details zu den Anpassungen:
- Jedes Gewicht wird in der entgegengesetzten Richtung seines Gradienten angepasst, was der Richtung des reduzierten Fehlers entspricht.
– Die Lernrate, ein kleiner positiver Wert, skaliert die Größe der Gewichtsaktualisierung, um sicherzustellen, dass die Netzwerkaktualisierungen in einem stabilen Tempo erfolgen.

- Iterative Optimierung:
- Backpropagation ist ein iterativer Zyklus, der die Leistung des Netzwerks schrittweise verbessert.
- Phasen des Zyklus:
- Vorwärtsdurchlauf: Das Netzwerk berechnet die Ausgabe basierend auf den aktuellen Gewichtungen.
- Fehlermessung: Abweichungen vom erwarteten Output werden quantifiziert.
- Rückwärtsdurchlauf: Gradienten werden durch Rückausbreitung basierend auf dem Fehler berechnet.
- Parameteraktualisierung: Anpassung der Gewichte entsprechend den Steigungen, um Fehler zu minimieren.
– Das Netzwerk wiederholt diesen Zyklus mehrmals, lernt aus den Fehlern und verfeinert seine Gewichte für genauere Ergebnisse.

Das Verständnis dieser Komponenten gibt Aufschluss darüber, wie sich neuronale Netze anpassen und verbessern. Jeder Schritt ist entscheidend, jeder Fehler eine Lektion und jede Anpassung ein Weg zur Exzellenz. Durch diesen Lernmechanismus entwickeln sich KI-Systeme vom Anfänger zum Experten für ihre jeweiligen Aufgaben.

Marvin Minsky, der oft als Pionier auf dem Gebiet der künstlichen Intelligenz gilt, führte das Konzept des maschinellen Lernens aus Fehlern ein , nicht unähnlich einem fleißigen Mathematiker, der akribisch eine komplexe Gleichung durcharbeitet. So wie der Mathematiker jeden Schritt überprüft, Fehler identifiziert und korrigiert, um zu einer gültigen Lösung zu gelangen, stellte sich Minsky Computer vor, die sich auf ähnliche Weise selbst korrigieren könnten. Seine Arbeit legte den Grundstein für Deep Learning, bei dem Maschinen durch Versuch und Irrtum ihre Algorithmen verfeinern.

Diese Vision ähnelt der Skulptur eines Meisterwerks aus rohem Marmor, bei dem Ungenauigkeiten weggemeißelt werden, um die raffinierte Figur im Inneren freizulegen. Der Einfluss von Minskys Werk kann nicht genug betont werden; Genau aus diesem Grund können Maschinen heute Aufgaben, die von der Erkennung Ihrer Stimme bis zur Diagnose von Krankheiten reichen, mit einer Präzision ausführen, die früher ausschließlich den Menschen vorbehalten war.

Lassen Sie uns untersuchen, wie sich die Lernmethode der Backpropagation über die Theorie hinaus auf reale Anwendungen ausdehnt und den Fortschritt der künstlichen Intelligenz erheblich beeinflusst. Denken Sie an das selbstfahrende Auto: Diese Fahrzeuge sammeln bei jeder Fahrt Daten von Sensoren und Kameras.

Diese Daten dienen dann als Lehre für das KI-System des Fahrzeugs, das Backpropagation nutzt, um Situationen zu analysieren, in denen die Sicherheit verbessert werden könnte. Auf diese Weise lernt das System kontinuierlich dazu, ähnlich wie ein Schüler in jeder Klasse Wissen erwirbt, und passt die Algorithmen an, die die Manöver des Autos steuern. Das ultimative Ziel besteht darin, Risiken zu reduzieren und die Verkehrssicherheit zu verbessern. Mit jeder Fahrt wird die KI geschickter und trifft Entscheidungen, um komplexe Verkehrsszenarien präziser zu meistern. Daher ist Backpropagation mehr als nur eine Lernmethode; Es handelt sich um einen evolutionären Prozess, der der KI das nötige Fachwissen verleiht, um Leben zu retten und den Transport neu zu definieren.

Lassen Sie uns den komplizierten Prozess näher erläutern, durch den Backpropagation selbstfahrende Autos dabei unterstützt, bei jeder Fahrt sicherer und leistungsfähiger zu werden.

- **Datensammlung:**

- Selbstfahrende Fahrzeuge sind mit einer Reihe von Sensoren und Kameras ausgestattet, die verschiedene Datentypen erfassen, darunter visuelle Bilder, Näherungsmessungen, Geschwindigkeit und Positionsinformationen. Diese Rohdaten sind eine komplexe Mischung aus Umweltrückmeldungen.

- Datenvorverarbeitung:

– Die Konvertierung dieser Rohdaten in ein verwendbares Format erfordert Vorverarbeitungsschritte wie die Normalisierung, bei der die Daten auf einen Standardbereich skaliert werden, oder die Merkmalsextraktion, bei der wichtige Details aus der Sensoreingabe herausgefiltert werden. Diese Prozesse stellen sicher, dass die Daten von Modellen des maschinellen Lernens effektiv genutzt werden können.

- Vorhersage und Fehlererkennung:

- Das KI-System in diesen Fahrzeugen basiert auf Algorithmen, die Vorhersagen treffen können, beispielsweise über die Wahrscheinlichkeit, dass sich ein Hindernis auf den Weg des Fahrzeugs bewegt. Wenn eine Vorhersage falsch ist und es zu einer Beinahe-Verfehlung oder einer suboptimalen Fahrentscheidung kommt, wird dies als Fehler erfasst.

- Backpropagation-Prozess:

- Backpropagation kommt ins Spiel, indem diese Fehler erfasst und durch die Netzwerkschichten zurückverfolgt werden, um zu verstehen, welche Gewichtungen und Verzerrungen im Algorithmus am meisten zu den Fehlern beigetragen haben. Durch differenzierte Anpassungen dieser Parameter lenkt die KI ihren Entscheidungsansatz neu.

- Lernrate und Hyperparameter:

- Die Lernrate ist ein entscheidender Hyperparameter, der bestimmt, wie drastisch die Gewichte des Modells während der Backpropagation aktualisiert werden. Beim Autofahren ist eine ausgewogene Lernrate von entscheidender Bedeutung – zu schnell, und die KI könnte unberechenbare Verhaltensweisen annehmen; zu langsam und passt sich möglicherweise nicht schnell genug an Veränderungen in der realen Welt an. Andere Hyperparameter, wie z. B. Regularisierungsterme, tragen dazu bei, dass das Modell verallgemeinert bleibt und nicht zu stark an bestimmte Datensätze angepasst wird.

- Sicherheitsbewertungsmetriken:

- Zu den Sicherheitsbewertungsmetriken könnten die Häufigkeit und Schwere von Vollbremsungen, die Häufigkeit, mit der das Auto Fußgängern korrekt ausweicht, oder die Genauigkeit der Spurhaltung gehören. Mithilfe dieser Kennzahlen lässt sich quantifizieren, wie sich die Entscheidungsfindung der KI im Hinblick auf Sicherheitsstandards im Laufe der Zeit verbessert.

Durch Backpropagation verfeinern selbstfahrende Autos ihre Algorithmen, interpretieren die Daten immer präziser und ebnen so den Weg für ein sichereres Fahrerlebnis. Da dieses System aus jeder Fahrt lernt, kann es zunehmend bessere Urteile fällen, so wie eine Person aus Erfahrung lernt, sich in komplexen Situationen zurechtzufinden. Dieser fortlaufende Zyklus aus Feedback, Analyse und Verbesserung ist eine Form des Erfahrungslernens, das durch Backpropagation im Rechenraum verkörpert wird.

Am Ende dieses Kapitels werfen wir einen anerkennenden Blick auf die Backpropagation, einen grundlegenden Prozess, der neuronale Netze in die Lage versetzt, effektiv zu lernen. So wie frühe Bildung den Grundstein für kontinuierliches, lebenslanges Lernen legt, vermittelt Backpropagation Maschinen die Fähigkeit, über Ergebnisse nachzudenken, aus Fehlern zu lernen und ihre Intelligenz im Laufe der Zeit zu verbessern. Diese Fähigkeit ist von zentraler Bedeutung für die Weiterentwicklung der künstlichen Intelligenz und stattet Maschinen mit einer strukturierten Methode zur Weiterentwicklung aus. Jeder korrigierte Fehler schärft den Scharfsinn des Systems, so wie jede neu gelernte Tatsache das Verständnis eines Schülers für die Welt bereichert. In der großen Erzählung, in der Maschinen den menschlichen Fähigkeiten gleichkommen und diese sogar übertreffen, ist Backpropagation nicht nur eine Technik, sondern eine transformative Erfahrung, die kontinuierlich widerstandsfähigere und intelligentere KI hervorbringt.

VERLUSTFUNKTIONEN ZUR MESSUNG DER LEISTUNG

Machen Sie sich bereit für den wichtigen Bereich der Verlustfunktionen und verstehen Sie deren Rolle bei der Bewertung und Entwicklung neuronaler Netze. Diese mathematischen Richter bewerten, wie gut ein Netzwerk seine Aufgabe erfüllt hat, und ihr Urteil gibt dem Netzwerk Hinweise darauf, wie es sich verbessern kann. Die eindeutigen Ergebnisse dieser Formeln lokalisieren die Fehler eines Netzwerks und helfen ihm, aus seinen Mängeln zu lernen.

So wie ein Lehrer ein Quiz bewertet, um einem Schüler zu zeigen, wo er mehr lernen muss, heben Verlustfunktionen die Bereiche hervor, die ein neuronales Netzwerk verfeinern muss, um seine Vorhersagen zu verbessern. Diese Rückkopplungsschleife ist für das Wachstum von wesentlicher Bedeutung und ermöglicht es dem Netzwerk, seine Algorithmen im Laufe der Zeit anzupassen und zu perfektionieren. Dieses Kapitel zielt darauf ab, die Komplexität rund um Verlustfunktionen zu zerlegen und sicherzustellen, dass ihre Bedeutung und Mechanismen klar sind, um den Lesern das Wissen zu vermitteln, das sie benötigen, um diesen grundlegenden Aspekt des maschinellen Lernens zu verstehen.

Der mittlere quadratische Fehler (MSE) und die Kreuzentropie sind zwei Verlustfunktionen, die in der Landschaft neuronaler Netze häufig zur Messung der Vorhersagegenauigkeit verwendet werden. MSE misst den Durchschnitt der Quadrate der Fehler, vereinfacht ausgedrückt: Es nimmt die Differenz zwischen der vorhergesagten Ausgabe des Netzwerks und der tatsächlichen Ausgabe, quadriert diese Differenz, um alle negativen Vorzeichen zu entfernen, und berechnet dann den Mittelwert aller dieser quadrierten Differenzen. Dieser Prozess ähnelt einer akademischen Prüfung, bei der die Punktzahl widerspiegelt, wie stark die Antworten eines Schülers von den richtigen abweichen, und so ein klares Maß für die Leistung darstellt.

Cross-Entropy hingegen wird insbesondere bei Klassifikationsaufgaben eingesetzt. Dabei wird die vorhergesagte Wahrscheinlichkeitsverteilung für jede Klasse mit der tatsächlichen Verteilung, der Grundwahrheit, verglichen. Diese Funktion verhält sich ähnlich wie ein Leitfaden, der angibt, ob die vorhergesagte Wahrscheinlichkeit zum wahren Ergebnis führt.

Ein niedrigerer Kreuzentropiewert bedeutet, dass die vorhergesagten Wahrscheinlichkeiten der tatsächlichen, wahren Verteilung sehr nahe kommen. Jede Verlustfunktion dient als Feedback-Tool und teilt dem neuronalen Netzwerk mit, wie weit seine Vorhersagen von der tatsächlichen Marke entfernt sind. Das Netzwerk nutzt dieses Feedback dann, um seine internen Parameter anzupassen und so den Verlust in der nächsten Vorhersagerunde zu reduzieren. Diese kontinuierliche Schleife aus Vorhersage, Feedback und Anpassung ermöglicht es einem neuronalen Netzwerk, sich im Laufe der Zeit zu verbessern und seine Entscheidungsfähigkeiten zu verbessern.

In der Landschaft neuronaler Netze fungieren Mean Squared Error (MSE) und Cross-Entropy als Leuchtfeuer und signalisieren die Genauigkeit von Vorhersagen. Eintauchen in die Einzelheiten:

Mittlerer quadratischer Fehler (MSE):

Funktion „mean_squared_ error" (tatsächlich, vorhergesagt):

   sum_of_squared_error = 0

for i in range(len (actual)):

Fehler = vorhergesagt[i] – tatsächlich[i]

   sum_of_squared_error += Fehler^2

   mse = sum_of_squared_error / len (tatsächlich)

mse zurückgeben

MSE ist häufig die Verlustfunktion der Wahl bei Regressionsproblemen, bei denen die Vorhersage kontinuierlicher Werte das Ziel ist. Es zeichnet sich hier dadurch aus, dass es sich darauf konzentriert, größere Fehler härter zu bestrafen – was dazu beiträgt , die Vorhersagen zu den Zielen zu verfeinern, ohne übermäßig von Ausreißern beeinflusst zu werden.

Kreuzentropie:

Funktion cross_entropy (tatsächlich, vorhergesagt) :

```
ce = 0

for i in range( len (actual)):

wenn tatsächlich[ i ] == 1:

    ce -= log(predicted[ i ])

anders:

    ce -= log( 1 - vorhergesagt[ i ])
```

Rückkehr ce

Kreuzentropie ist besonders bei Klassifizierungsaufgaben von Vorteil, insbesondere bei der Vorhersage von Wahrscheinlichkeitsverteilungen für mehrere Klassen. Seine Stärke liegt darin, wie es den Unterschied zwischen zwei Wahrscheinlichkeitsverteilungen quantifiziert und so eine präzise Übereinstimmung zwischen den vorhergesagten Wahrscheinlichkeiten und der tatsächlichen Verteilung anstrebt.

Ein neuronales Netzwerk könnte sich auf MSE stützen, wenn das Ergebnis numerisch und kontinuierlich ist – denken Sie an die Vorhersage von Immobilienpreisen auf der Grundlage von Marktdaten. Das Netzwerk wechselt jedoch zu Cross-Entropy, wenn die Aufgabe darin besteht, Eingaben in verschiedene Kategorien zu kategorisieren, beispielsweise um zu entscheiden, ob ein Bild eine Katze oder einen Hund enthält. Jede Verlustfunktion dient einem bestimmten Zweck: Sie optimiert die Linse des neuronalen Netzwerks für die jeweilige Aufgabe und gibt ihm einen schärferen Fokus, um genaue Vorhersagen zu treffen. Zu verstehen, wann die einzelnen Verlustfunktionen zu verwenden sind, ähnelt dem Wissen, ob man einen Hammer oder einen Schraubenzieher verwendet, da jedes Werkzeug für bestimmte Umstände geeignet ist .

Untersuchen Sie den mittleren quadratischen Fehler, oft als MSE abgekürzt, der eine kritische Verlustfunktion im Toolkit neuronaler Netze darstellt. Um MSE zu verstehen, betrachten Sie es als eine Methode, die die durchschnittliche Fehlergröße in den Vorhersagen eines neuronalen Netzwerks quantifiziert. Dazu wird die Differenz zwischen jedem vorhergesagten Wert und dem wahren, erwarteten Wert ermittelt, jede dieser Differenzen quadriert, um alle negativen Werte in positive umzuwandeln, und dann der Durchschnitt dieser quadrierten Zahlen gebildet. Diese Quadrierung der Differenzen bestraft größere Fehler härter und stellt sicher, dass das neuronale Netzwerk der Reduzierung großer Fehler Vorrang vor kleinen einräumt.

Das Ergebnis ist eine einzelne Zahl, die die Leistung des neuronalen Netzwerks widerspiegelt, wobei ein niedrigerer MSE auf genauere Vorhersagen hinweist. Die Einfachheit von MSE bei der Lokalisierung von Diskrepanzen macht es unverzichtbar für Aufgaben, bei denen die genaue Größe von Vorhersagen, wie z. B. einer Prognose oder Schätzung, von größter Bedeutung ist.

Lassen Sie uns die mathematischen Grundlagen des Mean Squared Error (MSE) und seine Rolle beim Training neuronaler Netzwerke näher erläutern:

MSE kann mit der Formel berechnet werden:

$$[\text{MSE} = \frac{1}{n} \sum_{i=1}^{n} (\text{actual}_i - \text{predicted}_i)^2]$$

wobei $(\sum)$ die Summe über alle „n" Vorhersagen bezeichnet, (actual_i) der tatsächliche Wert für den i-ten Datenpunkt und die (predicted_i) Vorhersage des neuronalen Netzwerks für den i-ten Datenpunkt ist. Im Wesentlichen nimmt diese Formel die Differenz zwischen dem, was das Modell vorhersagt, und dem, was tatsächlich wahr ist , quadriert diese Differenz, um sicherzustellen, dass alle Fehler positiv und vergleichbar sind, und ermittelt dann den Durchschnitt dieser Werte über alle Datenpunkte.

Betrachten Sie beispielsweise vorhergesagte Werte ([3,4,5]) im Vergleich zu tatsächlichen Werten ([2,4,6]). Die MSE-Berechnung wäre:

$$[MSE = \frac{1}{3}((3-2)^2 + (4-4)^2 + (5-6)^2)]$$

$$[MSE = \frac{1}{3} \times (1 + 0 + 1)]$$

$$[MSE = \frac{2}{3}]$$

Die statistische Bedeutung von MSE liegt in seiner einfachen Darstellung der Varianz der Vorhersagefehler. Durch das Quadrieren der Fehler wird der Effekt von Ausreißern oder Vorhersagen, die weit von den wahren Werten entfernt sind, verstärkt. Dies könnte von Vorteil sein, da dadurch größere Fehler stärker bestraft werden, was dem neuronalen Netzwerk suggeriert, dass diese Punkte beim Lernen größere Aufmerksamkeit benötigen.

Es gibt jedoch eine Kehrseite. MSE geht davon aus, dass alle Fehler gleich schlimm sind, was in realen Szenarien möglicherweise nicht der Fall ist. Beispielsweise funktioniert MSE bei homoskedastischen Daten mit konstanter Fehlervarianz gut. Bei heteroskedastischen Daten, bei denen sich die Varianz im gesamten Datensatz ändert, ist MSE jedoch möglicherweise nicht die beste Wahl, da es bestimmten Arten von Fehlern ein unverhältnismäßiges Gewicht verleihen könnte.

Wenn es um die Optimierung geht, nutzen Algorithmen wie der Gradientenabstieg die von MSE geschaffene Landschaft, um Modellparameter zu aktualisieren. Dieser Algorithmus berechnet den Gradienten von MSE und verschiebt die Parameter in die Richtung, die MSE am schnellsten reduziert. Der Quadrierungsaspekt von MSE stellt sicher, dass die schwerwiegendsten Fehler zuerst behoben werden, wodurch das Modell aggressiver in Richtung einer besseren Leistung in diesen Punkten gesteuert wird.

Aus dieser Sicht ist MSE ein zentrales Werkzeug, das bei richtiger Anwendung das neuronale Netzwerk durch eine Fehlerlandschaft zu einem Ziel führt, das genauere Vorhersagen liefert. Es fasst die Herausforderungen und die Intelligenz zusammen, die neuronale Netze beim Lernen meistern und meistern.

Kreuzentropie ist eine Verlustfunktion, die eine entscheidende Rolle bei der Bewertung von Klassifizierungsmodellen innerhalb neuronaler Netze spielt. Seine Aufgabe besteht darin, den Unterschied zwischen zwei Wahrscheinlichkeitsverteilungen zu messen: was das Modell vorhersagt und was die tatsächlichen Ergebnisse sind. Stellen Sie sich ein Klassifizierungsmodell als Quizteilnehmer vor, der Vermutungen zu Multiple-Choice-Fragen anstellt. Cross-Entropy wäre das Bewertungssystem, das diese Vermutungen bewertet, indem es die vorhergesagten Antworten (die Wahrscheinlichkeiten, die das Modell jeder möglichen Kategorie zuordnet) mit den richtigen Antworten (der wahren Verteilung, bei der die tatsächliche Kategorie eine Wahrscheinlichkeit von 1 und alle anderen hat) vergleicht haben eine Wahrscheinlichkeit von 0). Diese Funktion arbeitet nach den Prinzipien der Informationstheorie und übersetzt die Unterschiede in einen numerischen Wert, den das Modell minimieren soll.

Im Wesentlichen sagt es uns, wie „überrascht" das Modell vom tatsächlichen Ergebnis ist. Je besser die Vorhersagen des Modells mit der Realität übereinstimmen, desto weniger überrascht es und desto niedriger ist daher der Cross-Entropy-Wert. Ein perfektes Modell, das mit absoluter Sicherheit die richtige Kategorie vorhersagt, hätte eine Kreuzentropie von Null.

Das Verständnis der Cross-Entropy-Funktion ist von grundlegender Bedeutung, da sie direkten Einfluss darauf hat, wie Klassifizierungsmodelle lernen, Eingaben genau zu kategorisieren. Durch die Minimierung der Kreuzentropie können Modelle trainiert werden, ihre Wahrscheinlichkeitsschätzungen näher an die Wahrheit anzupassen und ihre Klassifizierungen im Laufe der Zeit zu verfeinern. Es ist ein wichtiger Teil im Puzzle der künstlichen Intelligenz und sorgt dafür, dass Modelle immer präziser unterscheiden und entscheiden können.

Lassen Sie uns die Cross-Entropy-Verlustfunktion näher erläutern und ihre Grundlage und ihren Einfluss auf das maschinelle Lernen aufzeigen. Diese Funktion ist tief in der Informationstheorie verwurzelt, die sich vereinfacht ausgedrückt mit der Quantifizierung, Speicherung und Kommunikation von Informationen befasst. Die Cross-Entropy-Formel geht aus der Shannon-Entropie hervor, einem Maß für die Unvorhersehbarkeit oder den Informationsgehalt innerhalb einer Wahrscheinlichkeitsverteilung.

Aufschlüsselung: Cross-Entropy quantifiziert, wie viele Informationsbits erforderlich sind, um die wahren Bezeichnungen angesichts der Vorhersagen zu kodieren. Die Formel für eine binäre Klassifizierungsaufgabe lautet:

$$\[\text{Cross - Entropy} = -\sum [y \cdot \log(p) + (1 - y) \cdot \log(1 - p)] \]$$

Dabei bezeichnet „y" das wahre Label (0 oder 1), „p" ist die vorhergesagte Wahrscheinlichkeit der Klasse mit Label 1 und log ist der natürliche Logarithmus. Das negative Vorzeichen sorgt für einen positiven Wert für den Verlust.

Stellen Sie sich ein einfaches Beispiel mit zwei Datenpunkten vor, bei denen die wahren Bezeichnungen $\([1, 0]\)$ und die vorhergesagten Wahrscheinlichkeiten lauten $\([0.9, 0.3]\)$. Der Kreuzentropieverlust wird wie folgt berechnet:

$$\text{Cross-Entropy} = -[(1 \cdot \log(0.9) + (1 - 1) \cdot \log(1 - 0.9)) + (0 \cdot \log(0.3) + (1 - 0) \cdot \log(1 - 0.3))]$$

$$= -[\log(0.9) + \log(0.7)]$$

$$= -[-0.105 - 0.357]$$

$$= 0.462$$

Ein niedrigerer Kreuzentropiewert würde darauf hinweisen, dass die vorhergesagten Wahrscheinlichkeiten sehr nahe an den tatsächlichen Bezeichnungen liegen, was dazu führt, dass weniger Informationsbits für eine präzise Vorhersage erforderlich sind. Daher besteht das Ziel eines neuronalen Netzwerks darin, den Cross-Entropy-Verlust zu minimieren: Je weniger das Modell von den wahren Bezeichnungen „überrascht" wird, desto genauer sind seine Vorhersagen.

Zu verstehen, wie sich die Kreuzentropie reduzieren lässt, hängt direkt mit der Verbesserung der Vorhersagefähigkeit eines Modells zusammen. Eine minimierte Kreuzentropie zeigt an, dass die Vorhersagewahrscheinlichkeiten der wahren Verteilung genau folgen und so einen klaren Weg für das Modell schaffen, dem es in Richtung einer robusten Klassifizierungsleistung folgen kann. Dieser Annäherungstanz ist wie das Zusammenfügen der Teile eines Puzzles; Jedes richtige Stück oder jede richtige Vorhersage, die durch Cross-Entropy näher gebracht wird, bringt das Modell mit den feinsten Details näher an das Gesamtbild heran.

Stellen Sie sich eine Verlustfunktion als Kompass vor, der Florence Nightingale leitete, die für ihre Pionierarbeit in der Krankenpflege berühmt ist und Statistiken nutzte, um den Weg zu einer verbesserten Patientenversorgung aufzuzeigen. So wie Nightingales statistische Diagramme zeigten, welche Hygienepraktiken sich am besten zur Rettung von Leben eignen, messen Verlustfunktionen in der KI die Wirksamkeit von Algorithmen. In der Rolle von Nightingales Diagrammen geben Verlustfunktionen genau an, wie nah die Vorhersagen der KI an den erwarteten Ergebnissen sind, und sagen ihr, welche Teile ihres „Denkens" angepasst werden müssen.

Stellen Sie sich ein modernes Äquivalent vor: einen Spamfilter, der lernt, E-Mails zu sortieren. Jede E-Mail, die richtig oder falsch sortiert wird, ist wie ein Patientenfall, den Nightingale möglicherweise überprüft hat. Die Verlustfunktion akkumuliert alle Fehler des Filters, ähnlich wie die Bilanzierung erfolgreicher Behandlungen gegenüber Rückschlägen in einem Krankenbuch.

Das Ergebnis ist praktisch: So wie Nightingales sorgfältige Aufzeichnungen zu besseren Gesundheitspraktiken führten, entwickelt sich der Spamfilter weiter, um E-Mails dank des Feedbacks der Verlustfunktion immer schärfer zu erkennen und zu klassifizieren. Das Ergebnis ist in beiden Szenarien ein Fortschritt – sei es beim Schutz der Gesundheit oder bei der Weiterentwicklung der Technik –, der auf einer systematischen Bewertung und Verbesserung beruht.

Hier ist die Aufschlüsselung der verschiedenen Arten von Verlustfunktionen und ihrer spezifischen Verwendung beim maschinellen Lernen:

- Mittlerer quadratischer Fehler (MSE):

– Wird hauptsächlich in Regressionsmodellen verwendet, um kontinuierliche Ergebnisse vorherzusagen.

- Formel: $(MSE = \frac{1}{n}\sum(actual - predicted)^2)$.

- Beispiel:

- Tatsächliche Werte:$([1.1, 2.2, 3.3])$

- Vorhergesagte Werte:$([1, 2.1, 3.5])$

-$(MSE = \frac{1}{3} \times ((1.1 - 1)^2 + (2.2 - 2.1)^2 + (3.3 - 3.5)^2))$

-$(MSE = \frac{1}{3} \times (0.01 + 0.01 + 0.04))$

-$(MSE = 0.02)$

- Kreuzentropie:

– Anders als MSE wird es für Klassifizierungsaufgaben verwendet, um die Leistung der Ausgabe eines Modells mit probabilistischer Interpretation zu messen.

- **Beispiel für binäre Klassifizierung:**

- Tatsächliche Etikettenverteilung:$([1,0])$

- Vorhergesagte Wahrscheinlichkeiten:$([0.8, 0.3])$

-$(Cross\text{-}Entropy = -(1 \times \log(0.8) + 0 \times \log(1 - 0.8)) - (1 \times \log(0.3) + 0 \times \log(1 - 0.3)))$

-(Cross-Entropy $= -(-0.223 - 0) - (-1.204 - 0))$

-(Cross-Entropy $= 1.427)$

- Scharnierverlust:

- Anwendung: Wird für die Klassifizierung mit maximaler Marge verwendet, hauptsächlich in Support-Vektor-Maschinen.

- Formel:(Hinge Loss $= \max\left(0,1 - y_{\text{true}} \times y_{\text{pred}}\right))$.

- Beispiel:

- Für eine perfekte Vorhersage mit$(y_{\text{true}} = 1), (y_{\text{pred}} = 1.2)(greater than 1)$

$$-(\text{Hinge Loss} = \max(0,1 - 1 \times 1.2) = \max(0, -0.2) = 0)$$

- Protokollverlust:

– Äquivalent zur Kreuzentropie im binären Klassifizierungskontext.

- Beispiel:

- Tatsächliches Etikett: 1

- Voraussichtliche Wahrscheinlichkeit: 0,8

$$-(\text{Log Loss} = -1 \times \log(0.8) = 0.223)$$

Jede Verlustfunktion dient als spezifischer Leitfaden für das Modell, in dem sie verwendet wird. Durch die Berechnung dieser Verluste messen wir die Qualität der Modellvorhersagen und steuern so nachfolgende Anpassungen und Lernprozesse. Das Verständnis der Feinheiten jeder Verlustfunktion stellt sicher, dass das KI-System intelligent zu einer zuverlässigen Genauigkeit navigieren kann, wobei jede Iteration des Lernprozesses seine Fähigkeiten verfeinert.

Die Wahl der richtigen Verlustfunktion für ein maschinelles Lernmodell ist ebenso wichtig wie die Wahl des geeigneten Kraftstoffs für ein Fahrzeug.

So wie Sie keinen Diesel in einen Benzinmotor füllen würden, würden Sie den mittleren quadratischen Fehler nicht für ein Klassifizierungsproblem verwenden, bei dem Kreuzentropie der Standard ist. Die Verlustfunktion ist der Mechanismus, der das Modell über die Effizienz seiner Vorhersagen informiert.

Wenn eine falsche Verlustfunktion verwendet wird, ist es so, als würde man Ihrem Auto die falsche Kraftstoffart zuführen; Es läuft möglicherweise immer noch, aber nicht reibungslos und möglicherweise mit langfristigen Schäden. Die Verlustfunktion legt den Standard dafür fest, was das Modell auf seiner Lernreise anstrebt. Die Wahl des richtigen Kraftstoffs ist vergleichbar mit der Wahl eines hochwertigen Kraftstoffs, der dafür sorgt, dass Ihr Motor mit höchster Effizienz läuft, was eine saubere Verbrennung und eine längere Lebensdauer des Fahrzeugs ermöglicht. Auf die gleiche Weise treibt die richtige Verlustfunktion das Lernen eines neuronalen Netzwerks in die richtige Richtung und befeuert dessen Streben nach den genauesten Vorhersagen.

Eine gut gewählte Verlustfunktion passt sich der Art des vorliegenden Problems an und fungiert als Wegweiser, der die KI dazu anregt, Verbesserungen vorzunehmen und effektiv zu lernen, genau wie die richtige Kraftstoffwahl dafür sorgt, dass Ihr Auto kilometerweit auf der Straße optimal läuft.

Im riesigen Meer des maschinellen Lernens sind Verlustfunktionen die unverzichtbaren Kompasse für neuronale Netze und weisen ihnen den Weg zum begehrten Schatz der Genauigkeit. Diese Funktionen sind nicht nur Teil des Toolkits; Sie sind unverzichtbare Instrumente, die für die KI genauso wichtig sind wie ein Kompass für einen Seemann. Indem sie anzeigen, wo Vorhersagen von der Wahrheit abweichen, spielen Verlustfunktionen eine entscheidende Rolle bei der Kurskorrektur und stellen sicher, dass die Vorhersagen des KI-Systems mit jeder Iteration präziser und zuverlässiger werden.

Die Reise durch Daten und Algorithmen ist voller Komplexität, aber das zuverlässige Maß einer Verlustfunktion sorgt für Klarheit inmitten der potenziellen Unordnung und bietet einen Leuchtturm, auf den das Modell zusteuern kann. Die Bedeutung der Wahl der richtigen Verlustfunktion kann nicht genug betont werden – sie macht den Unterschied zwischen der Navigation mit einem fein eingestellten Kompass oder dem Segeln ohne Richtung aus.

Wenn wir diese Diskussion über Verlustfunktionen abschließen, erinnern wir uns an sie als Orientierungshilfen, die für den Erfolg und die Weiterentwicklung neuronaler Netze ebenso wichtig sind wie der Polarstern für die Seefahrer im Laufe der Geschichte.

OPTIMIERUNGSALGORITHMEN DER WEG ZUR KONVERGENZ

Ich möchte, dass Sie sich vorstellen, wie Sie ein Boot in Richtung eines fernen Ufers steuern. Das Ziel ist klar, aber der Weg ist voller wechselnder Strömungen und unvorhergesehener Wirbel. Optimierungsalgorithmen, das Thema dieses Kapitels, sind der Kompass und das Ruder des neuronalen Netzwerks in einem Datenmeer und führen es in den wahren Norden der Spitzenleistung. Wie ein erfahrener Kapitän, der die Wellen liest, um den optimalen Weg zu finden, interpretieren diese Algorithmen die Muster in den Daten, um das Modell mit jeder Iteration seinem Ziel näher zu bringen. Jede Entscheidung, jede Anpassung bringt das neuronale Netzwerk seinem Ziel näher: einem Zustand, in dem es seine Aufgabe mit höchster Genauigkeit ausführt.

Auf den folgenden Seiten erwartet Sie eine klare und offene Erkundung – eine, die die Mechanismen von Optimierungsalgorithmen auf eine sowohl ansprechende als auch leicht verständliche Weise enthüllt und dabei hilft, den Weg durch die oft trüben Gewässer des maschinellen Lernens zu weisen.

Gradient Descent ist eine Methode zur Feinabstimmung der Einstellungen eines maschinellen Lernmodells. Betrachten Sie dies als methodisches Ausprobieren und Verbessern. Bei jedem Schritt bewertet Gradient Descent den Stand des Modells in Bezug auf Genauigkeit mithilfe einer sogenannten Verlustfunktion – einer Methode zur Messung, wie weit die Vorhersagen eines Modells von den tatsächlichen Ergebnissen abweichen. Anschließend nimmt es kleine Änderungen am Modell vor und passt die Gewichte an, die die Vorhersagen des Modells beeinflussen. Ein bisschen wie das Drehen der Knöpfe an einem Teleskop, um eine klarere Sicht auf die Sterne zu erhalten, optimiert Gradient Descent diese Einstellungen nach und nach. Es passt die Gewichtungen strategisch in die Richtung an, die den Wert der Verlustfunktion verringert – was einem klareren, fokussierteren Bild entspricht. Durch wiederholtes Vornehmen dieser kleinen Änderungen und Neubewertung der Modellleistung führt Gradient Descent das Modell zu dem Gewichtungssatz, bei dem die Vorhersagen am genauesten sind.

Dieser Vorgang wird iterativ wiederholt, bis sich das Modell nicht mehr sinnvoll verbessern lässt, ähnlich wie die Suche nach dem besten Fokus für das Teleskop, um die Sterne so klar wie möglich zu sehen. Mit jeder Iteration wird das Modell verfeinert und verfeinert, wodurch es dem Ziel näher kommt, möglichst präzise Vorhersagen zu treffen.

Gradient Descent optimiert systematisch die Parameter oder Gewichte eines Modells. Die Formel beinhaltet die Berechnung der Steigung – oder Steigung – der Verlustfunktion, die ein Maß für den Fehler ist. Stellen Sie sich vor, Sie stehen auf einem Hügel. Die Steigung gibt an, wie steil der Hügel unter den Füßen ist. Beim maschinellen Lernen berechnet man diese Steigung in Bezug auf jeden Parameter und findet heraus, in welche Richtung es zu weniger Fehlern kommt.

Hier ist der Pseudocode für einen grundlegenden Gradient Descent-Algorithmus:

Gewichte initialisieren (w) Lernrate wählen (Alpha)

bis zur Konvergenz wiederholen:

Vorhersage = Modell(Eingabe, w)

Fehler = Vorhersage – tatsächlich

Gradient = Berechnen_Gradient (Fehler , Eingabe)

w = w - Alpha * Gradient

In einem Schritt-für-Schritt-Beispiel:

Ausgangsgewicht: $w0 = 5$

Der vorhergesagte Wert für die Eingabe $x = 2$ mit dem tatsächlichen Wert $y = 3$ könnte Predict(2, w0) = 2 * 5 = 10 sein

Fehler: 10 - 3 = 7

Gradient (der Einfachheit halber, wenn die Ableitung des Verlusts nach dem Gewicht der Fehler selbst ist): 7

Lernrate: Alpha = 0,1

Angepasstes Gewicht: w = 5 - 0,1 * 7 = 4,3

Die Lernrate bestimmt die Größe der unternommenen Schritte. Eine höhere Rate könnte zu einer schnelleren Konvergenz führen, birgt jedoch die Gefahr, dass das Minimum überschritten wird, wohingegen eine niedrigere Rate eine vorsichtigere Navigation den „Hügel" hinab sichert, wenn auch in einem langsameren Tempo. Es geht darum, den idealen Punkt zu finden – groß genug, um effizient zu sein, aber klein genug, um präzise zu sein.

Durch das Verständnis dieser Komponenten des Gradientenabstiegs kann der Weg des Modells von der Unsicherheit hin zur präzisen Vorhersage nachvollzogen werden. Es ist ein orchestrierter Tanz zwischen dem Terrain der Verlustfunktion und dem Tempo der Lernrate – alles, um das harmonische Endziel eines minimalen Fehlers zu erreichen.

Stellen Sie sich Momentum in der Optimierung wie einen Schneeball vor, der bergab rollt. Vom Gipfel aus beginnt die Reise vielleicht langsam, aber beim Abstieg sammelt sie mehr Schnee – Masse und Geschwindigkeit –, sodass kleine Unebenheiten oder flache Stellen ihren Fortschritt nicht aufhalten. Auf die gleiche Weise trägt Momentum dazu bei, den Weg für den Gradientenabstieg zu ebnen, indem es den Einfluss früherer Aktualisierungen akkumuliert, um schwierige Phasen zu überstehen und zu vermeiden, dass man an weniger optimalen Stellen in der Landschaft der Verlustfunktion stecken bleibt. Adam hingegen ähnelt einem erfahrenen Fahrer, der mit Schaltgetriebe durch den Stadtverkehr navigiert.

So wie der Fahrer die Gänge anpasst, um den Motor reibungslos laufen zu lassen – indem er hochschaltet, wenn die Straße frei wird, um schneller zu werden, oder herunterschaltet, wenn der Verkehr dichter wird, um die Kontrolle zu behalten – passt Adam die Lernraten für jeden Parameter basierend auf der Komplexität und Feinheiten der Daten an. Diese intelligente Anpassung hält den Optimierungsprozess unter Kontrolle und stellt sicher, dass das Lernen nicht zu unregelmäßig wird oder ins Stocken gerät, ähnlich wie ein erfahrener Fahrer unabhängig von den Straßenbedingungen für eine konstante, reibungslose Fahrt sorgt. Das geschickte Gespür von Adam stellt sicher, dass die Optimierungsreise so effizient und effektiv wie möglich verläuft und Geschwindigkeit mit Präzision wie ein meisterhafter Gangwechsel verbindet.

Hier ist die Aufschlüsselung von Momentum und Adam, zwei wesentlichen Optimierungsalgorithmen:

- **Schwung:**

- Formel: Berücksichtigt die Geschwindigkeit „v" und wird durch „v = Gamma * v + Lernrate * Gradient" berechnet.

- Pseudocode:

v = 0

Gamma = 0,9

für jede Iteration:

Gradient = Berechnen_Gradient (Datenpunkt , Gewichte)

v = Gamma * v + Lernrate * Gradient

Gewichte = Gewichte - v

- **Wirkung von Gamma:**

- „Gamma" ist ein Hyperparameter, der den Einfluss vergangener Gradienten auf die aktuelle Richtung bestimmt.

- Beispiel: Wenn „Gamma" auf 0,9 eingestellt ist, behält der Algorithmus 90 % der vorherigen Geschwindigkeit bei und glättet so die Gewichtsaktualisierungen im Laufe der Zeit.

- **Adam:**

- Kombiniert Dynamik mit adaptiven Lernraten und optimiert individuell für jeden Parameter.

- Pseudocode:

```
m = 0 // 1. Momentenvektor initialisieren

v = 0 // 2. Momentenvektor initialisieren

Beta1 = 0,9

Beta2 = 0,999

Epsilon = 1e-8

für jede Iteration:

Gradient = Berechnen_Gradient ( Datenpunkt , Gewichte)

m = Beta1 * m + (1 - Beta1) * Gradient

v = beta2 * v + (1 - beta2) * (Gradient^2)

    m_hat = m / (1 - beta1^Iteration)

    v_hat = v / (1 - beta2^iteration)

Gewichte = Gewichte - learning_rate * m_hat / (sqrt( v_hat ) + epsilon)
```

- **Rolle von Beta1 und Beta2:**

- Diese Hyperparameter steuern die Abklingraten der gleitenden Durchschnitte.

- Beispiel: Die Verwendung der Standardwerte „Beta1 = 0,9" und „Beta2 = 0,999" verleiht den aktuellen Verläufen mehr Gewicht und fügt gleichzeitig ein Quadrat ein, um Aktualisierungen für jeden Parameter zu stabilisieren.

Durch die Anpassung der Gewichtungen basierend auf den Daten und früheren Aktualisierungen ermöglichen diese Algorithmen neuronalen Netzen, effektiv von ihrer Umgebung zu lernen. Als ob sie ein Instrument feinabstimmen würden, um eine harmonische Melodie zu erzeugen, passen Momentum und Adam die Gewichtung jedes Parameters im Netzwerk an, um eine Spitzenleistung zu erreichen, die mit den wahren zugrunde liegenden Mustern der Daten, die sie modellieren möchten, im Einklang steht.

Stochastische Optimierungsalgorithmen bringen das Element des Zufalls in den strategischen Prozess der Verbesserung von Modellen für maschinelles Lernen ein. Anstatt bei jedem Schritt alle verfügbaren Daten zu nutzen, arbeiten sie mit Zufallsstichproben, einer Methode, die den Divide-and-Conquer-Ansatz widerspiegelt, der bei der Lösung komplexer Probleme verwendet wird.

Diese zufällige Auswahl hilft dem Algorithmus nicht nur, sich schneller zu bewegen, da weniger Daten gleichzeitig verarbeitet werden, sondern verhindert auch, dass er durch irreführende Muster oder Anomalien in den Daten gefangen wird. So wie das Lösen eines großen Rätsels durch die Bearbeitung zunächst kleinerer Abschnitte schneller zu einem klareren Bild führen kann, wenden stochastische Methoden dieses Prinzip an, um auf robuste und zeiteffiziente Weise die optimale Lösung zu erreichen.

Durch die Kombination berechneter Bewegungen mit dem Element des Zufalls manövrieren diese Algorithmen durch die vielfältige Datenlandschaft und ermöglichen Lösungen, die sowohl machbar als auch präzise sind, ohne durch den schieren Umfang der von ihnen verarbeiteten Informationen behindert zu werden.

Lassen Sie uns die zentrale Funktionsweise von Stochastic Gradient Descent (SGD) näher erläutern, einem zentralen Algorithmus, der Modelle für maschinelles Lernen durch eine Abfolge zufälliger, aber strategisch berechneter Schritte verfeinert.

Bei SGD wird nicht der gesamte Datensatz auf einmal zum Vornehmen von Anpassungen verwendet , sondern für jede Trainingsiteration eine zufällige Teilmenge der Daten ausgewählt. Diese zufällige Auswahl ist sowohl eine Notwendigkeit zur Bewältigung der Rechenlast als auch eine Technik, um Variabilität in den Trainingsprozess einzuführen.

Und so läuft es ab: Für jeden Schritt wählt der Algorithmus nach dem Zufallsprinzip ein paar Beispiele aus. Als nächstes berechnet es den Gradienten der Verlustfunktion, jedoch nur basierend auf dieser kleinen Teilmenge.

Der Gradient ist im Wesentlichen ein Signal, das angibt, welche Richtung näher zum tiefsten Verlustpunkt führt und wie steil. Anschließend werden die internen Einstellungen des Modells, die Gewichte, in die Richtung angepasst, die den Fehler verringert.

Diese zufälligen Aktualisierungen verleihen dem Pfad, den das Modell einschlägt, einen vorteilhaften Jitter und helfen ihm, Fallstricke wie lokale

Minima zu umgehen – Orte, an denen das Modell sonst stecken bleiben und sie mit der besten Lösung verwechseln könnte, wenn eine bessere in der Nähe sein könnte. Die hier ganz entscheidende Lernrate fungiert als Schrittregler. Bei einem zu großen Schritt kann das Modell über das Minimum hinausschießen, bei einem zu kleinen Schritt wird die Fahrt langsam und beschwerlich. Der Vergleich von SGD mit seinem Verwandten, dem Mini-Batch Gradient Descent, ist wie der Vergleich eines Scheinwerfers mit einem Flutlicht. Mini-Batch erhöht die Teilmengengröße und erfasst mehr Beispiele pro Aktualisierung als reines SGD, aber immer noch nicht den vollständigen Datensatz. Es findet einen Mittelweg, reduziert das Rauschen durch die reine Zufälligkeit von SGD und bietet eine schnellere Konvergenz, allerdings auf Kosten einer höheren Speichernutzung und weniger häufigen Aktualisierungen.

Das Erfassen des subtilen Tanzes zwischen diesen Algorithmen und ihrer Verwendung von Zufälligkeiten zeigt, wie solche Techniken häufige Gefahren bei der Suche nach Präzision vermeiden. Sie verkörpern eine intelligente Anwendung des Zufalls und stellen sicher, dass sich maschinelles Lernen auch in komplexen und riesigen Datenmengen anpassen und verbessern kann.

Die Navigation eines neuronalen Netzwerks durch die komplexen Datenmeere ähnelt auffallend der alten Seefahrer, die sich an den Sternen orientieren. So wie Seeleute die Konstellationen nutzten , um ihren Kurs durch die Weiten des Ozeans zu steuern, helfen Optimierungsalgorithmen neuronalen Netzen dabei, einen Kurs durch ein ausgedehntes Informationsmeer zu bestimmen. Bei jeder Entscheidung bewerten Algorithmen wie Gradient Descent oder Adam ihre Position – ähnlich wie ein Navigator seine Peilung am Nachthimmel überprüfen könnte – und passen die Parameter des Netzwerks an, um näher an das geschätzte Ziel einer genauen Vorhersage zu gelangen. In diesem Prozess sind die Sterne die zuverlässigen Datenpunkte, der Kompass ist die Verlustfunktion, die auf den wahren Norden oder den geringsten Fehler zeigt, und das Steuerrad ist die Lernrate, mit der der Kapitän die Geschwindigkeit und Richtung der Fahrt des Schiffes steuert.

So wie der richtige Kurs und die richtigen Anpassungen eine sichere Ankunft im Hafen gewährleisten, führen diese Algorithmen das Netzwerk auch zu seinem Hafen mit optimaler Leistung. Es ist eine Reise der iterativen Verfeinerung, bei der die Segel des Modells präzise getrimmt werden, um das versprochene Land der zuverlässigen und präzisen Entscheidungsfindung zu erreichen.

Optimierungsalgorithmen gelten als die stillen Helden im Bereich der künstlichen Intelligenz. Obwohl sie weitgehend im Rampenlicht stehen, sind sie die treibende Kraft hinter der Weiterentwicklung des maschinellen Lernens. Jede Iteration, jede von ihnen durchgeführte Berechnung dient als Sprungbrett für eine bessere, intelligentere KI. Wie die Zahnräder einer Uhr arbeiten sie leise, aber entscheidend, indem sie die Zeiger nach vorne bewegen und so eine genaue und zuverlässige Zeitmessung gewährleisten.

Diese Algorithmen sind unerlässlich, um Maschinen beizubringen, aus Daten zu lernen, und ihre Fähigkeit, dies mit zunehmender Finesse zu tun, verschiebt die Grenzen der Technologie und ermöglicht es Maschinen, komplexere Aufgaben mit einem höheren Grad an Autonomie zu übernehmen. Im Wesentlichen sind sie die fleißigen und unermüdlichen Arbeiter, die die Schienen für den immer schneller werdenden Fortschritt im maschinellen Lernen legen. Der Weg zu einer ausgefeilteren KI ist in hohem Maße diesen Algorithmen zu verdanken, und das Verständnis ihrer Funktion und Wirkung ist der Schlüssel zum Erkennen des vollen Umfangs der Möglichkeiten, die sie in diesem dynamischen Bereich eröffnen.

ÜBERANPASSUNG UND GENERALISIERUNG

In der sich entwickelnden Welt der künstlichen Intelligenz können zwei häufige Stolpersteine über die Wirksamkeit eines neuronalen Netzwerkmodells entscheiden: Überanpassung und Unteranpassung. Stellen Sie sich einen Studenten vor, der sich auf eine Prüfung vorbereitet. Wenn sie den Studienführer Wort für Wort auswendig lernen (Überanpassung), sind sie ratlos, wenn ihnen Fragen gestellt werden, die auch nur geringfügig anders sind. Wenn der Schüler hingegen nur die umfassendsten Konzepte versteht (Unteranpassung), wird es ihm schwerfallen, die Einzelheiten zu beantworten.

Das Beherrschen der Balance zwischen diesen beiden Extremen ist ein grundlegender Aspekt beim Aufbau von KI-Modellen, die nicht nur mit bekannten Daten glänzen, sondern auch mit neuen, unsichtbaren Informationen geschickt umgehen können. Es ähnelt der Vorbereitung auf einen umfassenden Test: Sie kennen das Kernmaterial gut genug, um es auf jede knifflige Frage anzuwenden, die Ihnen in den Weg kommt. Für jeden, der sich mit KI beschäftigt, ist das Erkennen und Bewältigen dieser Herausforderungen von entscheidender Bedeutung, um Modelle zu erstellen, die wirklich intelligent und anpassungsfähig sind.

bestimmten Raum ein Instrument für ein bestimmtes Lied stimmt, aber feststellt, dass er seine Leistung nicht an andere Veranstaltungsorte oder Musikstücke anpassen kann. Im Wesentlichen liegt eine Überanpassung vor, wenn ein neuronales Netzwerkmodell die Details der Trainingsdaten – einschließlich Rauschen und Besonderheiten – so gründlich lernt, dass es sich negativ auf die Leistung des Modells bei neuen, unsichtbaren Daten auswirkt. Dies liegt daran, dass das Modell bei Überanpassung die Trainingsdaten hervorragend abrufen kann, seine Fähigkeit, Vorhersagen oder Entscheidungen auf der Grundlage unbekannter Daten zu treffen, jedoch beeinträchtigt ist. Es ist, als hätte sich das Modell die Antworten auf einen Test gemerkt, ohne die zugrunde liegenden Konzepte gut genug zu verstehen, um verschiedene Fragen zu beantworten. Diese Herausforderung berührt den Kern des Nutzens eines Modells: das, was es aus bekannten Daten gelernt hat, zuverlässig auf das Unbekannte anzuwenden, Ergebnisse vorherzusagen oder Muster zu identifizieren, die noch nie zuvor aufgetreten sind. Das Erkennen und Abmildern von Überanpassungen ist daher von entscheidender Bedeutung, um Modelle zu entwickeln, die ihr Wissen verallgemeinern und in den unvorhersehbaren, realen Szenarien, für deren Navigation sie erstellt wurden, effektiv funktionieren.

In der Landschaft neuronaler Netze ist Overfitting wie ein Modell, das ein fotografisches Gedächtnis der Trainingsdaten entwickelt, einschließlich aller unbedeutenden Details und Rauschen. Dieses Problem hängt mit der sogenannten Modellkapazität zusammen, die sich auf die Komplexität und Vielfalt der Funktionen bezieht, die ein Modell lernen kann. Wenn ein Modell über zu viel Kapazität verfügt, beginnt es möglicherweise damit, zufälliges Rauschen in den Daten so zu behandeln, als sei es ein wichtiges Muster, das es zu lernen gilt, ähnlich wie jemand, der zu viel in die unbedeutenden Details eines Traums hineininterpretiert.

Während des Trainings scheint ein Modell außergewöhnlich gut zu funktionieren, ohne dass ein Teil der Daten für die Validierung reserviert wird, da es sich im Wesentlichen die Antworten auf die Fragen merkt, die es bereits gesehen hat, und nicht lernt, wie man sie löst. Die Einführung einer Validierungsphase ermöglicht regelmäßige Überprüfungen der Leistung des Modells anhand unsichtbarer Daten, ähnlich wie bei Übungsprüfungen vor dem Abschlusstest.

Um eine Überanpassung zu verhindern, werden bestimmte Techniken eingesetzt:

- **Kreuzvalidierung:** Dabei wird der Datensatz in kleinere Gruppen aufgeteilt und jede davon als Probeprüfung für das Modell verwendet, um sein Wissen vor der endgültigen Prüfung zu testen.

- **Trainings-/Validierungs-/Testaufteilung:** Dies ist der Prozess der Aufteilung des Datensatzes in drei Teile mit dem spezifischen Zweck, die Verallgemeinerung des Modells zu trainieren, zu verifizieren und zu testen.

- **Regularisierungstechniken** wie L1- (Lasso) und L2-Regularisierung (Ridge) benachteiligen die Komplexität. Betrachten Sie es als eine Regel in der Poesie, die die Anzahl der Silben in einer Zeile begrenzt und den Dichter dazu zwingt, prägnant und relevant zu sein.

- **Beschneiden** : Dabei geht es darum, schwache oder überflüssige Verbindungen im neuronalen Netzwerk auszuschneiden, ähnlich wie ein Gärtner einen Baum beschneidet, um ihn gesünder und wachsen zu lassen.

So könnte eine Kreuzvalidierung in Pseudocode aussehen:

Gegebener Datensatz X und entsprechende Beschriftungen Y

Teilen Sie X, Y in k gleiche Teile auf (X1, Y1), (X2, Y2), ..., (Xk , Yk)

für i von 1 bis k:

Verwenden Sie (Xi, Yi) als Validierungssatz

Benutzen Sie alle anderen Teile als Trainingsset

Trainieren Sie das Modell auf dem Trainingsset

Bewerten Sie das Modell anhand des Validierungssatzes

Notieren Sie das Bewertungsergebnis

Der durchschnittliche Wert aller k Versuche ist der Kreuzvalidierungswert

Das Finden des optimalen Gleichgewichts zwischen der Modellkomplexität und der Generalisierungsfähigkeit des Modells ähnelt dem Stimmen eines Instruments – es muss flexibel genug sein, um eine breite Palette von Musikstücken spielen zu können, nicht nur eine einzelne Melodie. Um in freier Wildbahn gut zu funktionieren , muss das Modell sozusagen die zugrunde liegende Melodie lernen und nicht nur die einzelnen Noten der Trainingsdaten . Die genannten Techniken sind die Werkzeuge, die dabei helfen, diese Feinabstimmung zu erreichen und Modelle zu erstellen, die in der Lage sind, sich an neue und unterschiedliche Datenszenarien anzupassen.

Eine Unteranpassung tritt auf, wenn ein neuronales Netzwerk zu einfach ist, um die Komplexität der Daten zu erfassen, aus denen es lernen soll. Es ist wie ein Detektiv, der Hinweise ignoriert und es nicht schafft, die Beweise eines Falles zusammenzustellen. Diese Einfachheit kann dazu führen, dass das Modell sowohl bei den Trainingsdaten als auch bei allen neuen Daten, auf die es stößt, keine gute Leistung erbringt. Es ist wichtig, dem Modell genügend Flexibilität zu geben, um Muster zu erkennen und Vorhersagen zu treffen, ohne die Dinge jedoch so zu verkomplizieren, dass sie ablenken.

Der Trick besteht darin, ein Modell zu entwickeln, das die richtige Balance findet, ähnlich wie ein Koch, der genügend Zutaten kombiniert, um ein Gericht schmackhaft zu machen, aber nicht so viele, dass die Aromen durcheinander geraten. Ein gut angepasstes Modell kann die zugrunde liegenden Strukturen in den Daten identifizieren und so genaue Vorhersagen oder Entscheidungen treffen, unabhängig davon, ob es mit Daten arbeitet, die es zuvor gesehen hat, oder mit etwas völlig Neuem präsentiert wird.

Lassen Sie uns die verschiedenen Maßnahmen näher erläutern, die Sie ergreifen können, um sicherzustellen, dass ein neuronales Netzwerk nicht zu stark vereinfacht wird und so eine Unteranpassung vermieden wird. Das Fundament eines neuronalen Netzwerks muss – ähnlich wie das Fundament eines Gebäudes – ausreichend robust sein, um der Komplexität der von ihm verarbeiteten Daten standzuhalten. Ein unzureichend passendes Modell könnte die Folge von zu wenigen Schichten oder Neuronen sein, analog zum Bau eines Hauses mit zu wenigen Stützbalken. Die schrittweise Erhöhung der Komplexität eines Modells erfordert eine sorgfältige Erhöhung seiner Kapazität, vergleichbar mit dem Hinzufügen weiterer Träger zur Unterstützung einer größeren Struktur.

Um die Wirksamkeit dieser Verbesserungen zu messen, würde man die Leistung des verfeinerten Modells anhand eines separaten Validierungssatzes überwachen, der als Ersatz für reale Daten fungiert. Es ist, als würde man die Festigkeit neuer Balken mit Gewichten testen, die die Belastungen simulieren, denen sie in der Praxis ausgesetzt wären. Die Erhöhung der Komplexität könnte bedeuten, dass dem neuronalen Netzwerk zusätzliche Schichten oder Neuronen hinzugefügt werden müssen. Bei bestimmten Datentypen wie Bildern könnte dies die Integration von Faltungsschichten umfassen, die auf die Erkennung visueller Muster spezialisiert sind.

Stellen Sie sich eine Bleistiftskizze vor, die einfach beginnt und mit jeder Schattierungsschicht immer detaillierter wird. Jede neue Ergänzung bringt die Zeichnung dem beabsichtigten naturgetreuen Bild näher. Feature Engineering spielt auch eine wichtige Rolle bei der Verbesserung der Lernfähigkeit eines Modells. Bei diesem Prozess geht es darum, detailliertere Eingabedaten zu erstellen und dem Modell reichhaltige Nuancen zum Studieren und Lernen zu bieten. Beispielsweise könnte man einen Datensatz von Häusern nicht nur mit deren Größe und Preis, sondern auch mit Details zu Design, verwendeten Materialien und Nachbarschaft anreichern und so einem neuronalen Netzwerk ein umfassenderes Bild liefern, um den Hauswert zu verstehen.

Die Wahl der richtigen Modellarchitektur ist eine iterative Angelegenheit, bei der oft mit einfacheren Modellen begonnen und dann auf komplexere hingearbeitet wird, ähnlich wie ein Koch ein neues Rezept über mehrere Iterationen hinweg verfeinert. Durch den Vergleich verschiedener Konfigurationen kann man die effektivste Architektur ermitteln, die auf die jeweilige Aufgabe zugeschnitten ist – und dabei das richtige Maß an Komplexität mit Effizienz und Verständnis in Einklang bringt. Wenn man diese Schritte sorgfältig durchführt, kann man neuronale Netze aufbauen, die darauf vorbereitet sind, die zugrunde liegenden Muster in den Daten zu erkennen und sich daran anzupassen, anstatt sich nur die Einzelheiten zu merken.

Es ist ein Prozess des Optimierens, Testens und Verfeinerns, der sich bis zu dem optimalen Bereich schlängelt, in dem ein Modell weder zu einfach noch zu komplex, sondern genau richtig ist, um fundierte, zuverlässige Vorhersagen zu treffen.

Stellen Sie sich einen Studenten vor, der sich auf eine große Prüfung vorbereitet. Den Abbruch als Lerntechnik zu nutzen, wäre so, als würden sie gelegentlich einzelne Seiten des Lehrbuchs überspringen. Auf den ersten Blick mag es kontraintuitiv erscheinen, aber dadurch lernt der Schüler, sich auf ein umfassenderes Verständnis des Materials zu verlassen und Konzepte miteinander zu verbinden, anstatt sich Fakten isoliert zu merken. Auf diese Weise können sie, wenn in der Prüfung Fragen auftauchen , die sie zuvor noch nicht gesehen haben, das, was sie in einem Abschnitt gelernt haben, besser verallgemeinern und nutzen, um ihre Antworten in einem anderen Abschnitt zu untermauern.

Frühzeitiges Anhalten ist eine weitere Strategie, vergleichbar damit, dass der Schüler beim Lernen einen Timer einstellt. Anstatt sich kontinuierlich mit dem Stoff zu beschäftigen, bis er ihn in- und auswendig gelernt hat – es besteht die Gefahr, dass er ausbrennt oder sich zu sehr auf die Einzelheiten fixiert –, hören sie auf, wenn sie gerade erst anfangen, die Hauptkonzepte optimal in den Griff zu bekommen. Dies bricht ihr Studium ab, bevor sie anfangen, es zu übertreiben, und stellt sicher, dass sie die wichtigsten Punkte gründlich gelernt haben, aber nicht begonnen haben, die Hauptgedanken mit den Details zu verwechseln. Beide Techniken helfen dem neuronalen Netzwerk – oder unserem Schüler –, sich nicht in der Fülle zu vieler Details zu verlieren, die bei der Anwendung von Wissen auf Situationen in der realen Welt möglicherweise keine Rolle spielen. Es geht darum, Muster zu lernen und den Wald zu verstehen, nicht nur die einzelnen Bäume.

Hier ist die Aufschlüsselung der Regularisierungstechniken von Dropout und Early Stop und wie sie die Generalisierung neuronaler Netze verbessern:

- **Ausfallen:**

- **Verfahren:**

- Setzen Sie während des Trainings für jeden Datenstapel einen vordefinierten Prozentsatz der Neuronenausgänge nach dem Zufallsprinzip auf Null.

– Dies bedeutet, dass diese „ausgefallenen" Neuronen nicht am Vorwärtsdurchlauf teilnehmen und ihr Gewicht während der Rückausbreitung dieser Iteration nicht aktualisiert wird.

- **Unterliste :**

- **Zufälligkeit:** Simuliert das parallele Training einer großen Anzahl verschiedener neuronaler Netzwerkarchitekturen.

- **Robustheit:** Zwingt das Netzwerk dazu, sich nicht auf ein einzelnes Neuron zu verlassen, was zu einer besseren Leistung beim Auffinden neuer Daten führen kann.

- **Frühzeitiges Stoppen:**

- **Kriterien:**

- Überwachen Sie die Leistung des Netzwerks anhand eines Validierungssatzes, den das Modell während des Trainings nicht gesehen hat.

– Unterbrechen Sie den Trainingsprozess, wenn sich die Leistung des Modells im Validierungssatz für eine bestimmte Anzahl von Trainingsepochen (Iterationen über den gesamten Datensatz) nicht verbessert.

- **Unterliste :**

- **Effizienz:** Spart Zeit und Rechenressourcen, indem das Training angehalten wird, bevor eine Überanpassung auftritt.

- **Reduzierung der Überanpassung:** Verhindert, dass das Modell Rauschen im Trainingssatz lernt, indem das Training im richtigen Moment beendet wird.

Beide Techniken sind integrale Bestandteile des Trainingsprozesses, um sicherzustellen, dass ein Modell seine Trainingsdaten auf reale Situationen übertragen kann, ähnlich wie ein Schüler lernt, Lernprinzipien auf praktische Szenarien anzuwenden, anstatt sich nur Lehrbuchinhalte für einen Test zu merken. Durch die richtige Implementierung von Dropout und Early Stop kann man neuronalen Netzen beibringen, die größeren Muster in Daten zu erkennen, und sie so auf den kompetenten und zuverlässigen Umgang mit der Komplexität der realen Welt vorbereiten.

Stellen Sie sich einen Koch vor, der ein Rezept nur nachmachen kann, indem er die genauen Maße und Schritte befolgt, die er in einem Kochkurs gelernt hat, bis hin zur Marke der verwendeten Zutaten und den verwendeten Küchengeräten. Dieser Koch zeigt das kulinarische Äquivalent von Überanpassung. Sie zaubern vielleicht in der vertrauten Umgebung ihrer eigenen Küche ein perfektes Gericht, haben aber Schwierigkeiten, sich an das Kochen in der Küche eines Freundes anzupassen, wo die Umgebung und die Werkzeuge anders sind.

Die Fähigkeiten des Kochs sind so auf einen bestimmten Kontext zugeschnitten, dass es ihm nicht gelingt, sein Kochwissen auf neuartige Situationen zu übertragen. Auf der anderen Seite ist Underfitting wie jemand, der nur eine vage Vorstellung vom Konzept des Kuchenbackens hat. Sie wissen, dass es sich normalerweise um Mehl, Eier und Zucker handelt, sind sich aber über die Mengenverhältnisse oder den Prozess nicht sicher.

Wenn sie es versuchen, ist das Ergebnis ein kaum essbarer Kuchen, der nicht ganz dem entspricht, was ein Kuchen sein sollte. Ihr Verständnis ist zu begrenzt, um bei verschiedenen Backversuchen ein gewünschtes Ergebnis zu erzielen.

Sowohl bei der Überanpassung als auch bei der Unteranpassung geht es darum, Harmonie zu finden. So wie die besten Köche wissen, wie man Rezepte an verschiedene Küchen und Öfen anpasst, sollten gute KI-Modelle ihr erlerntes Wissen anpassen, um neue Probleme zu lösen. Sie müssen das Wesentliche der anstehenden Aufgabe erfassen – sei es das Backen eines Kuchens oder das Erkennen von Sprache –, ohne sich in den unwiederholbaren Details zu verlieren oder das Wesentliche zu verschweigen.

Überanpassung und Unteranpassung sind wie die beiden Enden einer Gratwanderung, die ein neuronales Netzwerkmodell überwinden muss, um die Plattform der Anpassungsfähigkeit und Stärke zu erreichen. Wenn ein Modell zu stark anpasst, ist es so, als wäre es zu sehr auf eine Seite abgedriftet, perfekt an die Trainingsdaten angepasst, aber nicht in der Lage, das Gleichgewicht zu halten, wenn der Wind neuer Daten weht.

Um die Überanpassung zu überwinden, muss das Modell wieder zur Mittellinie geführt werden, um sicherzustellen, dass es mit dem Wind der Veränderung umgehen kann. Unteranpassung ist das gegenteilige Ungleichgewicht, bei dem das Modell zu allgemein und zu einfach ist. Es kann nicht selbstbewusst voranschreiten, weil es die Feinheiten des Seils unter seinen Füßen nicht gelernt hat. Indem man die Unteranpassung angeht, trainiert man das Modell, die subtilen Hinweise des Datenseils zu erkennen und darauf zu reagieren, und bereitet es so auf eine stetige zukünftige Reise vor. Die Beherrschung der Kunst des Balancierens führt zu neuronalen Netzwerkmodellen, die sich elegant an unterschiedliche Datensätze anpassen und ihre Leistung aufrechterhalten können, ähnlich wie ein erfahrener Seiltänzer, der auf jeder Linie, an jedem Ort und unter jedem Scheinwerfer seine Leistung erbringen kann. Die Essenz des Kapitels lässt sich auf die Suche des Seiltänzers nach Balance reduzieren: den Sweet Spot, in dem ein Modell vielseitig und belastbar genug ist, um mit dem Unerwarteten umzugehen, ohne ins Wanken zu geraten.

FORTGESCHRITTENE ARCHITEKTUREN

Es ist Zeit für fortschrittliche neuronale Netzwerkarchitekturen, in denen sich die Wunder des maschinellen Lernens mit größerer Tiefe und Nuancen als je zuvor entfalten. Dieses Kapitel ist ein Portal in einen innovativen Bereich, in dem künstliche Intelligenz nicht nur lernt, sondern sich weiterentwickelt.

Entdecken Sie die meisterhaften Designs hinter Convolutional Neural Networks und Recurrent Neural Networks, die es Maschinen ermöglichen, komplexe Daten mit einer Finesse zu interpretieren, die die Lücke zwischen menschenähnlicher Wahrnehmung und Rechenleistung schließt.

Jede Schicht, jede Schleife, jedes Neuron innerhalb dieser Netzwerke trägt zu einem Orchester von Algorithmen bei, die zusammenarbeiten, um bemerkenswerte Leistungen zu erbringen – von der Erkennung von Gesichtern in einer Menschenmenge bis hin zum Verständnis des Auf und Ab natürlicher Sprache. Um diese Architekturen zu verstehen, geht es nicht nur darum, die Grenzen der Technologie zu erkunden; Es geht darum, den nächsten Schritt auf unserer Reise mit KI zu begreifen, bei dem Maschinen leistungsfähiger, intuitiver und integraler in das Gefüge unseres täglichen Lebens werden. Willkommen an der Spitze – wo das Innovationspotenzial so groß ist wie die Daten, die diese Netzwerke zu beherrschen lernen.

Convolutional Neural Networks (CNNs) sind eine hochentwickelte Art neuronaler Netzwerke, die für Aufgaben wie die Bilderkennung entwickelt wurden. Ihre Struktur ist vom menschlichen visuellen System inspiriert und sorgfältig geschichtet, um visuelle Informationen Schritt für Schritt zu filtern und zu interpretieren. An der Basis fungieren Faltungsschichten als spezialisierte Merkmalsdetektoren; Diese Ebenen enthalten Neuronen, die auf Kanten, Farben oder Texturen im Bild reagieren, ähnlich wie man zuerst den Umriss einer Form oder einen Farbtupfer wahrnimmt. Mit jeder weiteren Schicht kombiniert das Netzwerk diese erkannten Merkmale, um komplexere Muster wie Formen und schließlich ganze Objekte oder Szenen im Bild zu erkennen.

Wie ein Detektiv Hinweise zu einem Gesamtbild zusammenfügt, baut jede Ebene in einem CNN auf der vorherigen auf, um ein detaillierteres Verständnis der visuellen Daten zu erlangen. Diese Netzwerke reduzieren auch die Komplexität von Bildern durch einen als Pooling bezeichneten Prozess, der die Informationen vereinfacht und gleichzeitig wichtige Details beibehält. Dadurch wird sichergestellt, dass sich das Netzwerk auf die wesentlichen Teile des Bildes konzentriert, ohne von Rohdaten überschwemmt zu werden. Durch die Nutzung der Leistungsfähigkeit dieser vielschichtigen, komplexen Netzwerke können Maschinen lernen, mit erstaunlicher Genauigkeit und Nützlichkeit in unserer visuellen Welt zu navigieren und sie zu interpretieren.

In Convolutional Neural Networks sind Faltungsschichten die Bausteine, die die Bildverarbeitung anstoßen . Diese Ebenen verwenden Filter oder Kernel, die wie ein Schiebefenster systematisch Schritt für Schritt über ein Bild gleiten und dabei Merkmale wie Kanten, Formen oder Texturen erkennen. Dieser Prozess erstellt sogenannte Feature-Maps, bei denen es sich im Wesentlichen um transformierte Darstellungen des Originalbilds handelt, die bestimmte Features hervorheben. Aktivierungsfunktionen wie die Rectified Linear Unit (ReLU) kommen direkt nach den Faltungsschichten ins Spiel. Ihre Aufgabe ist es, Nichtlinearität einzuführen, was eine schicke Art zu sagen ist, dass sie dem Netzwerk dabei helfen, komplexe Muster zu verstehen, so wie ein Koch Gewürze hinzufügt, um einfache Zutaten in ein schmackhaftes Gericht zu verwandeln. Nach den Faltungs- und Aktivierungsschritten kommt der Pool ins Spiel. Durch das Poolen von Ebenen wird die räumliche Größe der Darstellung reduziert und die Informationen vereinfacht, ohne dass wichtige Details verloren gehen – wie etwa die Reduzierung einer detaillierten Karte auf eine einfachere Skizze, bei der wichtige Orientierungspunkte dennoch intakt bleiben .

Je tiefer wir in das Netzwerk vordringen, desto mehr treten vollständig verbundene Schichten auf den Plan. Sie nehmen die von den vorherigen Ebenen identifizierten übergeordneten Merkmale und kombinieren sie, um eine endgültige Entscheidung zu treffen, ähnlich wie ein Richter, der alle vorgelegten Beweise prüft, bevor er eine Entscheidung trifft.

Stellen wir uns einen einfachen Vorwärtsdurchlauf in einem CNN mit Pseudocode vor:

```
# Angenommen, input_image ist eine Matrix, die ein Bild darstellt

# und Filter ist eine Liste von Matrizen, die Faltungsfilter darstellen
```

für Filter in Filtern:

```
feature_map = apply_convolution ( input_image , filter)

aktivierte_feature_map = apply_ReLU ( feature_map )

pooled_feature_map = apply_pooling ( aktivierte_feature_map )

flattened_feature_map = flatten( pooled_feature_map )

Ausgabe = full_connected_layer ( flattened_feature_map )

# ' apply_convolution ', ' apply_ReLU ', ' apply_pooling ' und ' full_connected_layer '

# sind Funktionen, die diese spezifischen Operationen ausführen
```

Schließlich haben wir den Backpropagation-Prozess. Dies ist die magische Lernphase, in der das Netzwerk Fehler in seinen Vorhersagen berechnet, diese an das System weiterleitet und die Gewichtungen nach Bedarf anpasst. Dieser Prozess ähnelt einer Mannschaftsbesprechung nach einem Spiel und ermöglicht es den Spielern, Schwächen zu identifizieren und Strategien für das nächste Spiel zu verbessern.

Durch die Zerlegung von CNNs in diese Komponenten soll Aufschluss darüber gegeben werden, wie sie die Effizienz der menschlichen visuellen Wahrnehmung möglichst genau nachahmen. Diese Untersuchung unterstreicht die detaillierte Architektur, die CNNs zu leistungsstarken Werkzeugen für visuelle Analysen und Fortschritte in der KI macht.

Das Herzstück rekurrenter neuronaler Netze (RNNs) ist ihre einzigartige Fähigkeit, Informationen festzuhalten, so wie man Erinnerungen festhält . Im Gegensatz zu herkömmlichen neuronalen Netzen, die Eingabedaten isoliert betrachten, verfügen RNNs über Schleifen, die es ermöglichen, dass die Informationen bestehen bleiben. Diese Qualität ist besonders nützlich, wenn es um Datensequenzen geht, seien es Wörter in einem Satz oder Schritte in einer Zeitreihe.

Ein RNN tut dies, indem es die Ausgabe eines Schritts als Eingabe an den nächsten Schritt sendet, diesen Kontext weiterleitet und es dem Netzwerk ermöglicht, Entscheidungen auf der Grundlage des Wissens über das Vorhergehende zu treffen. Es ist vergleichbar mit dem Lesen eines Buches; Das Verstehen basiert nicht nur auf einem einzelnen Wort oder Satz, sondern auf der Ansammlung aller Wörter und Sätze, die zum aktuellen Punkt führen. Diese sequentielle Verarbeitungsfähigkeit macht RNNs ideal für Aufgaben, bei denen der Kontext entscheidend ist – wie Sprachübersetzung oder Spracherkennung. In der Sprache kann beispielsweise die Bedeutung eines Wortes stark von den Wörtern abhängen, die ihm vorangehen oder folgen, und RNNs zeichnen sich dadurch aus, dass sie diese Abhängigkeiten berücksichtigen. Sie sind daher eine Architektur der Wahl für Probleme, bei denen die Vergangenheit ein Sprungbrett zum Verständnis der Gegenwart ist.

Lassen Sie uns das Innenleben von Recurrent Neural Networks (RNNs) und ihre bemerkenswerte Fähigkeit, Daten mit zeitlicher Dimension zu verarbeiten, näher erläutern. Der Kern eines RNN ist seine verborgene Schicht, die als Netzwerkspeicher fungiert und Informationen von einem Sequenzschritt zum nächsten festhält. Stellen Sie sich eine Perlenkette vor; Jede Perle speichert eine Information, ähnlich wie die verborgenen Schichten in einem RNN Informationen über vorherige Datenpunkte in einer Sequenz enthalten. Betrachten Sie als Nächstes die Aktualisierungsfunktion eines RNN.

Es ist für die Verschmelzung neuer Eingaben mit vorhandenem Wissen aus der verborgenen Ebene verantwortlich, um die aktuelle Ausgabe zu erzeugen. Stellen Sie sich das wie einen Bäcker vor, der bei jeder neuen Teigcharge das Rezept (neuer Input) sowie die Konsistenz früherer Mischungen (vorhandenes Wissen) berücksichtigt, um eine Standardqualität bei der Brotherstellung aufrechtzuerhalten.

Allerdings stehen RNNs bei langen Sequenzen vor Herausforderungen, ähnlich wie eine Person, die versucht, sich an die ersten paar Einträge in einer langen, fortlaufenden Liste zu erinnern – die Details werden oft unscharf. Hierbei handelt es sich um das Problem des verschwindenden Gradienten, bei dem der Einfluss von Eingaben, die vor langer Zeit eingegangen sind, auf ihrem Weg durch die Schichten abnimmt oder „verschwindet", was es schwierig macht, daraus zu lernen.

Um dieses Problem anzugehen, kommen spezielle Versionen von RNNs ins Spiel. Long Short-Term Memory (LSTM) und Gated Recurrent Units (GRU)-Einheiten sind wie ein fortschrittlicher Notizblock für den Bäcker. Diese Notizblöcke verfügen über Registerkarten, mit denen Informationen je nach Relevanz selektiv aufgezeichnet oder gelöscht werden können, wodurch das Problem des Vergessens früherer Details vermieden wird. Backpropagation through Time (BPTT) ist eine weitere wichtige Technik, bei der sich das Lernen über die gesamte Sequenz erstreckt – nicht nur über einen einzelnen Schritt. Stellen Sie sich vor, Sie würden eine Geschichte noch einmal erzählen und sie jedes Mal anpassen, sodass jeder Teil das Ende wirkungsvoller macht – die Geschichte wird mit jeder Wiederholung besser.

RNNs glänzen wirklich in Bereichen wie der maschinellen Übersetzung, wo der Kontext unverzichtbar ist. Genau wie in der menschlichen Kommunikation kann das Verstehen eines Satzes von den vorangegangenen Wörtern abhängen. Diese Netzwerke haben Technologien vorangetrieben und eine nahtlosere und intuitivere Konversations-KI sowie intelligentere prädiktive Texteingabesysteme ermöglicht. Durch einen genaueren Blick auf diese Komponenten und Prozesse werden die Fähigkeiten und Komplexitäten von RNNs entmystifiziert und ihre unschätzbare Rolle bei der Verarbeitung von Sequenzen und ihrem Beitrag zu Fortschritten in der KI deutlich.

Stellen Sie sich vor, Sie betreten einen Raum und bemerken sofort bekannte Gesichter. Das ist es, was Convolutional Neural Networks (CNNs) jedes Mal tun, wenn Sie Ihr Telefon mit Gesichtserkennung entsperren. Diese Netzwerke sind wie ein Zeichner in einem belebten Stadtpark, der schnell Passanten anzieht und sich an die einzigartigen Merkmale jedes einzelnen Gesichts erinnert. Denken Sie nun darüber nach, wie sich ein erfahrener Barista an Ihre übliche Kaffeebestellung erinnert – er greift auf vergangene Interaktionen zurück, um vorherzusagen, was Sie heute möchten. Ebenso sind wiederkehrende neuronale Netze (RNNs) die Baristas der KI. Sie nutzen das, was in früheren Momenten passiert ist, um zu verstehen und vorherzusehen, was als nächstes kommt, beispielsweise um das nächste Wort vorherzusagen, das Sie in eine E-Mail eingeben.

Zusammen sind CNNs und RNNs die fleißigen Arbeiter hinter den Kulissen Ihrer Lieblingstechnologien. Sie sind die unsichtbaren Kräfte, die dafür sorgen, dass sich unsere Interaktion mit der digitalen Welt natürlicher und intuitiver anfühlt, von der automatischen Markierung von Fotos von Freunden im Internet bis hin zur Bereitstellung von Echtzeitübersetzungen im Gespräch mit einem Fremdsprachensprecher. Anhand dieser Analogien wird deutlich, dass diese neuronalen Netze über eine fast menschenähnliche Fähigkeit zur Wahrnehmung und Vorhersage verfügen, wodurch moderne Technologie zutiefst personalisiert wird und auf unsere alltäglichen Bedürfnisse reagiert.

Hier ist die Aufschlüsselung der komplexen Strukturen und Funktionen von CNNs und RNNs:

- CNNs:

- Faltungsschichten:

- Diese Ebenen sind die ersten, die die Eingabebilder verarbeiten.

- Sie verwenden Filter, um das Bild zu scannen und Merkmale wie Kanten und Texturen zu erfassen.

- Aktivierungsschichten:

- Verwenden Sie normalerweise ReLU (Rectified Linear Unit), um Nichtlinearität anzuwenden.

– Dieser Schritt trägt dazu bei, Komplexität und Variabilität einzuführen, die für das Erlernen komplexer Muster wichtig sind.

- Pooling-Schichten:

- Reduzieren Sie die Größe der von den Faltungsschichten generierten Feature-Maps.

– Durch dieses Downsampling werden die wichtigsten Merkmale hervorgehoben und gleichzeitig die Rechenlast kontrolliert.

- Vollständig verbundene Schichten:

– Diese Schichten akkumulieren die von vorherigen Schichten verarbeiteten Daten, um die endgültige Ausgabe zu bilden.

- Sie können eine Klasse für Klassifizierungsaufgaben vorhersagen, beispielsweise um festzustellen, ob es sich bei einem Bild um eine Katze oder einen Hund handelt.

- RNNs:

- Struktur und versteckte Zustände:

- RNNs verarbeiten Sequenzen, egal ob es sich um Wörter in Texten oder

Zeitschritte in Aktienkursen handelt.

- Verborgene Zustände fungieren als Speicherzellen und transportieren Daten von einem Schritt der Sequenz zum nächsten.

- Datenfluss:

– Jede Eingabe in einer Sequenz ändert den verborgenen Zustand.

- Der verborgene Zustand kombiniert die neue Eingabe mit dem Wissen aus vorherigen Schritten für die nächste Ausgabe.

- Spezialisierte RNNs - LSTM und GRU:

- LSTM-Einheiten verfügen über Tore, die den Informationsfluss steuern und so wichtige Langzeitdaten bewahren.

- GRU vereinfacht die LSTM-Struktur, indem es einige Gates kombiniert und so die Komplexität reduziert.

- Training mit BPTT:

- Beinhaltet die schrittweise Einführung des Netzwerks und die Anwendung von Backpropagation.

– Passt Gewichtungen nicht nur für einen einzelnen Schritt, sondern für die gesamte Sequenz an und berücksichtigt dabei Herausforderungen wie langfristige Abhängigkeiten.

Dieser tiefe Einblick in CNNs und RNNs schält die Schichten dieser neuronalen Netze heraus und beleuchtet ihre Mechanismen auf eine verständliche und relevante Weise. Das Verständnis dieser Konzepte eröffnet ein tieferes Verständnis dafür, wie KI Aufgaben bewältigt, bei denen es um die Erkennung von Mustern und die Vorhersage von Sequenzen geht, und so die Geheimnisse der fortschrittlichen neuronalen Netzwerkarchitektur in zugängliches und umsetzbares Wissen umzuwandeln.

Convolutional Neural Networks (CNNs) funktionieren wie wachsame Wächter und scannen ständig visuelle Informationen, um unser digitales Leben zu schützen. Es sind die wachsamen Augen, die sicherstellen, dass nur

Sie Ihr Telefon mit einem Blick entsperren können. In der Kommunikation fungieren wiederkehrende neuronale Netze (Recurrent Neural Networks, RNNs) als aufmerksame Zuhörer, die unsere Wörter zusammensetzen und antizipieren, was wir als nächstes sagen werden, wodurch Tools wie die automatische Vervollständigung und die Sprachübersetzung reibungsloser und intuitiver werden.

Stellen Sie sich einen Klavierspieler vor, der es versteht, das Publikum zu erkennen und genau das richtige Lied zu spielen; Das sind RNNs, die nahtlos Antworten in Instant Messaging verfassen oder das nächste Video zum Anschauen vorschlagen und so den Rhythmus unserer digitalen Unterhaltung verbessern. Gemeinsam sind CNNs und RNNs wie das dynamische Duo der künstlichen Intelligenz, das ständig die Grenzen dessen verschiebt, was Maschinen verstehen und erreichen können.

Sie sind ein wesentlicher Bestandteil der Innovationen, die dafür sorgen, dass sich unsere Geräte weniger wie Werkzeuge, sondern eher wie Erweiterungen unserer selbst anfühlen und die Welt auf eine Weise verstehen und mit ihr interagieren, die einst der Science-Fiction vorbehalten war. Sie arbeiten nicht nur isoliert, sondern kombinieren oft ihre Stärken und schaffen so eine Symphonie von Funktionalitäten, die die maschinelle Intelligenz auf eine ganz neue Ebene hebt.

Am Ende dieses Kapitels wird deutlich, dass die Fortschritte bei der Gestaltung neuronaler Netze einen bedeutenden Fortschritt für die maschinelle Intelligenz bedeutet haben. Neuronale Netze wie CNNs und RNNs sind nicht mehr nur Maschinen zur Zahlenverarbeitung; Sie haben sich so entwickelt, dass sie Aufgaben mit einem Maß an Raffinesse und Intuition angehen, von dem man früher dachte, es sei ausschließlich menschlichem Fachwissen vorbehalten. Ob es darum geht, riesige Mengen visueller Daten zu analysieren oder menschliche Sprache zu verstehen und zu generieren, diese Netzwerke gehen Probleme mit einer Finesse an, die der menschlichen Kognition ähnelt.

Die Auswirkungen solcher Fortschritte zeigen sich in verschiedenen Bereichen, die unser tägliches Leben beeinflussen – Sicherheit, Kommunikation und Unterhaltung haben durch diese intelligenten Systeme Revolutionen erlebt. Indem sie lernen, komplizierte Muster zu erkennen und Ergebnisse vorherzusagen, führen Maschinen nicht nur Aufgaben aus; Sie passen sich an und bieten Lösungen mit einer fast persönlichen Note.

Diese Entwicklung der KI bringt uns an die Schwelle einer Zukunft, in der die potenziellen Anwendungen dieser Technologie so umfassend und weitreichend sind wie die menschliche Vorstellungskraft selbst.

ABSCHLUSS

Während wir die letzten Seiten von „KI-Grundlagen neuronaler Netze" erreichen, nehmen wir uns einen Moment Zeit, um über die Reise nachzudenken, die sich entwickelt hat. Neuronale Netze, einst ein so schwer fassbares Konzept wie das Innenleben des menschlichen Geistes, werden uns nun offengelegt, ihre Funktionen und Architekturen werden aus der kryptischen Sprache der KI in die vertraute Umgangssprache des alltäglichen Lernens übersetzt.

Von den einfachen Anfängen der Perzeptrone, die den Bausteinen des Denkens ähneln, bis hin zum komplizierten Tanz der Aktivierungsfunktionen und der Rückausbreitung – jedes Konzept wurde sorgfältig analysiert und geklärt. Wir haben gesehen, wie Schichten ineinandergreifen und sich vernetzen, um das komplexe Netz der Entscheidungsfindung und Problemlösung zu bilden, das künstliche Intelligenz definiert.

Dieses Buch war mehr als nur eine bloße Darstellung von Theorien; Es war ein Leitfaden, der den Weg zu einem umfassenden Verständnis neuronaler Netze beleuchtete. Durch die Aufklärung der nuancierten Details dieser bemerkenswerten Systeme haben wir nicht nur Erkenntnisse darüber gewonnen, wie KI funktioniert, sondern auch, warum ihre Erforschung für die Zukunft von Technologie und Gesellschaft von entscheidender Bedeutung ist.

Die Auswirkungen des Verständnisses dieser Prinzipien gehen weit über das akademische Interesse hinaus. Es versetzt uns in die Lage, uns tiefer mit den Technologien auseinanderzusetzen, die unser Leben zunehmend beeinflussen, von virtuellen Assistenten bis hin zu Diagnosetools, und die laufenden Gespräche über KI mit fundierten Perspektiven anzugehen.

Wenn Sie dieses Buch schließen, tragen Sie das Wissen mit sich, dass die einst entmutigende „Black Box" neuronaler Netze heute eine offene Quelle des Staunens und der Erkundung ist. Mögen die hier gewonnenen Erkenntnisse einen Funken Neugier und Innovation entfachen und Sie zu neuen Ideen und Anwendungen führen. In der riesigen KI-Landschaft ist das Verstehen der erste Schritt zur Meisterschaft und vielleicht zur nächsten großen Entdeckung, die die Grenzen dessen, was Maschinen unserer

Meinung nach leisten können, neu definieren wird.

ÜBER DEN AUTOR

Jon Adams ist ein Prompt Engineer für Green Mountain Computing, der sich darauf spezialisiert hat, Unternehmen dabei zu helfen, ihre eigenen Prozesse effizienter zu gestalten und sie proaktiv zu automatisieren.

Jon@GreenMountainComputing.com